你在为谁学习

李世强 柴一兵 ◎ 编著

北京工业大学出版社

图书在版编目（CIP）数据

你在为谁学习/李世强，柴一兵编著． —北京：北京工业大学出版社，2014.2（2021.9重印）
　　ISBN 978-7-5639-3779-0
　　Ⅰ.①你… Ⅱ.①李… ②柴… Ⅲ.①学习动机-青年读物②学习动机-少年读物③学习方法-青年读物④学习方法-少年读物 Ⅳ.①G442-49②G791-49

中国版本图书馆CIP数据核字(2013)第014048号

你在为谁学习

编　　著：	李世强　柴一兵
责任编辑：	戴奇钰
封面设计：	胡椒书衣
出版发行：	北京工业大学出版社
	（北京市朝阳区平乐园100号　100124）
	010-67391722（传真）　bgdcbs@sina.com
经销单位：	全国各地新华书店
承印单位：	唐山市铭诚印刷有限公司
开　　本：	787 mm×1092 mm 1/16
印　　张：	14
字　　数：	150千字
版　　次：	2014年2月第1版
印　　次：	2021年9月第4次印刷
标准书号：	ISBN 978-7-5639-3779-0
定　　价：	39.80元

版权所有　翻印必究

（如发现印装质量问题，请寄本社发行部调换 010-67391106）

序

同学们，你们是否经常会有这样的疑惑——我在为谁学习？当你们每天刻苦努力、起早贪黑地学习、复习、考试的时候，是否脑海中总会闪出这样的疑惑呢？

学习究竟是为了什么？是成绩吗？但这次取得了好的成绩，下次呢？即便每次都能取得优异的成绩，但之后呢？如果学习不是为了成绩，那是为了什么？父母、老师？……

学习究竟是为了什么？为了谁？面对这样的问题，我们已经回答过不下千百次，而答案其实只有一个——学习，是为了你自己。

这个答案往往很容易说出口，而学生也很容易记得。但究竟有多少同学能够真正理解这个意思呢？

现在有越来越多的学生产生厌学的心理，一是与学习压力有关，二是在学习当中产生了迷惘，在学习的十字路口迷失了方向。

你在为谁学习

虽然很多学生都记得学习是为了自己，但当高强度的作业压得自己无法呼吸时、当学习成绩牵引着父母心情时，作为学生的同学们，很难真正感受到"学习是为了自己"这句话的含义。因为他们把自己的学习看做了为"他人"而学：为父母而学、为老师而学，这些外部的因素加上自己内心的迷茫，学生自然也就没有了学习的动力。

英国著名作家切斯特·菲尔德说过一句话："知识有力量，但成就有光泽。有人感觉到知识的力量，但更多的人只看到成就的光泽。"

现在很多学生只注重成就的光泽，而感觉不到知识的力量。但那些成就的光泽又似乎离学生非常遥远，所以内心也就越来越迷惘。在这种时候，同学们应该及时调整心态，只要能够专心致志、勤奋刻苦、好学多问、坚持不懈、脚踏实地做下去，自然会有功成名就的一天。

你为谁学习？你为什么学习？学习的用处是什么？这些问题，现在你一定要想清楚，然后做出一个明确的回答——你到底要怎么做。只有明白了这些，才能真正从学习的压力中解脱出来，才能在本书中找到快乐学习的源泉，并让这股泉水滋润你内心深处的那颗幼苗，让它茁壮成长为参天大树，荫庇你及你家人一生。

第一篇 为什么要努力学习

父母真是"无聊",经常提醒你学习,老师也很"无聊",天天追着你学习。可他们是为了什么?不是为了自己获得好处,而是为了你拥有一个美好的未来。都知道学习很苦,很累,很无味,但今天不学习,明天就没有保障——在现代化社会,没有知识,就会寸步难行,更谈不上更好地生存。

第一章 醒醒吧,亲爱的少年

第一节 你不是在为父母学习 ………………………… 3
第二节 你不是在为老师学习 ………………………… 5
第三节 你不是在为文凭学习 ………………………… 7
第四节 你是在为自己学习 …………………………… 10

第二章 学习,拿起人生的武器

第一节 学习是生存立足的基石 ……………………… 14

第二节　学习是成功幸福的保障 …………………… 16
第三节　学习的力量无比强大 ……………………… 18
第四节　打倒学习当中的"敌人" …………………… 21

第二篇　最可贵的学习精神

　　知识有个非常明显的特点，那就是如果你不想学习，就没有人能把它塞进你的大脑里。所以，我们要树立远大的目标（一个人所能取得的成就，在很大程度上取决于他在童年时的梦想是科学家还是小摊贩）。"点燃"对学习的热情，搏击生命本应有的高度。

第三章　学习，没有任何借口

第一节　厌学的心理从何而来 ……………………… 27
第二节　向磨蹭说"再见" …………………………… 30
第三节　改掉懒惰的恶习 ……………………………… 33
第四节　学习莫要太焦虑 ……………………………… 35
第五节　向困难说"我能行" ………………………… 38

第四章　学习，源于自动自发

第一节　汗水比天赋更重要 ………………………… 42
第二节　决心成为优秀的人 ………………………… 44
第三节　"点燃"对学习的热情 ……………………… 46
第四节　有了榜样就有了目标 ……………………… 49
第五节　学习，为了心中的理想 …………………… 51

第六节　学习，要有自强不息的信念 53

第五章　学习，需要分秒必争

第一节　时间长短决定生命长短 56

第二节　把精力集中到一个焦点上 59

第三节　合理安排时间，统筹学习计划 62

第四节　抓紧点滴时间，人生才有价值 65

第五节　持之以恒，学有所成 69

第三篇　学习有用的知识

有些事物披着"知识"的迷人外衣，诱惑我们把精力投向它们。当时光倏然流逝，我们却发现所学无用，追悔莫及。与其这样，不如从现在开始，就把有限的时间花在学习有益的知识上，学习最能够帮助自己在未来腾飞的知识。

第六章　莫被不良事情影响学习心情

第一节　远离网瘾 75

第二节　告别爱看电视的坏毛病 78

第三节　莫让早恋拴住了学业 82

第四节　理清杂乱无章的思绪 85

第七章　学好课堂知识乃学问之根基

第一节　语文学习重在阅读和写作 88

第二节　数学学习重在培养思维 93

第三节　外语学习重在启蒙语感 97

第四节　别让偏科伤了你 101

第八章　汲取课外知识为自己加分

第一节　随时观察学习的机会 104

第二节　阅读健康的课外读物 107

第三节　三人行，必有我师 111

第四节　学习为人处世的技能 113

第四篇　采取正确的学习方法

你愿意事倍功半还是事半功倍？学习本身也是一门学问，有既定的方法和规律，我们要从"苦学"、"好学"转变到"会学"，采取正确的方法，拿出正确的行动，转"苦"为"乐"，轻轻松松学出好成绩。

第九章　好方法创造高效能

第一节　心到法：思考才是硬道理 119

第二节　眼到法：目光转向书本重点和黑板 121

第三节　耳到法：听课听进耳朵里 124

第四节　口到法：勤问才有求知欲 127

第五节　手到法：勤抄勤写勤记录 131

第六节　足到法：勤考察勤实践 134

第十章　好行动带来好成绩

第一节　预习：学习成功的第一步 …………………… 138

第二节　复习：凡事预则立，不预则废 ……………… 140

第三节　细心答题：失分都在细节中 ………………… 144

第四节　检查：告别马大哈 …………………………… 146

第五节　自省：今天我学到了什么 …………………… 149

第五篇　学习要有正能量

学习最注重心态，一个好的心态可以让学习成为事半功倍的事情。好的心态能够缓解学习的压力、好的心态可以消除学习中的忧虑。只有拥有了好的心态，才能快乐地学习、快乐地成长、拥有美好的人生。

第十一章　懂得放松的人才懂学习

第一节　放松先从身体开始 …………………………… 155

第二节　不要让压力压垮你 …………………………… 158

第三节　大脑需要科学的使用 ………………………… 160

第四节　考场上需有好心态 …………………………… 163

第十二章　学习要有感恩的心

第一节　莫用抱怨伤害父母 …………………………… 166

第二节　尊师重教是一种美德 ………………………… 168

第三节　正确看待同学间的竞争 ……………………… 171

第四节　对学习环境心存满足 174

第五节　让学习充实你的生活 176

第六篇　你的未来在何方

　　青少年学习是为了能够将来找到更好的工作，能够在这个社会上更好地立足、能够为社会做出更大的贡献、能够成为社会当中更卓越的人才。因此，当同学们完成了学校的学业后，当步入社会的那一天，如何运用在学校所学到的知识，以何种心态来对待即将到来的另一个新的阶段，将至关重要。

第十三章　不能用学生的心态对待工作

第一节　放低姿态"软着陆" 181

第二节　世界上没有什么不公平 184

第三节　像驴一样不知疲倦地奋斗 186

第四节　别忘记了自己的身份 189

第五节　塑造自己比羡慕别人更重要 192

第十四章　毕业不代表完成了学业

第一节　走出校门也别忘记学习 195

第二节　不断丰满自己的羽翼 197

第三节　人之患，在于好为人师 200

第四节　考研留学路口，切莫心浮气躁 203

第五节　懂得学习失败当中的经验 206

第一篇
为什么要努力学习

父母真是"无聊",经常提醒你学习;老师也很"无聊",天天追着你学习。可他们是为了什么?不是为了自己获得好处,而是为了你拥有一个美好的未来。都知道学习很苦,很累,很无味,但今天不学习,明天就没有保障——在现代化社会,没有知识,就会寸步难行,更谈不上更好地生存。

第一章　醒醒吧，亲爱的少年

第一节　你不是在为父母学习

亲爱的少年：

当父母让你们学习的时候，你们是否经常这样和父母讨价还价——我再给你学半小时啊，半小时后我就要玩电脑去……

小明学习成绩一直不理想，父母为此很着急，于是经常把贪玩的小明按在书桌旁学习，以至于为了让小明感觉到父母对他的关心，父母轮流陪着小明一起看课本、解答题。但这样不仅没有使小明有任何对父母的感动，也没有任何学习上的提高，反而因为父母经常不让他玩耍，对父母产生了反感乃至厌恶。

对此，小明的母亲很苦恼。每次看到小明在电脑前流连忘返时，总是苦口婆心地劝说他要多把精力放在学习上。当小明不听母亲话的时候，小明的父亲就过来把小明强行拉到书桌旁让他学习，小明在此

你在为谁学习

时就会讨价还价说："我就学半小时啊，就给你们学半小时，半小时后你们就得让我继续玩游戏。"小明的母亲此时就会采取稳妥的战术，应付着："好，好。你先给妈学半小时。认真点儿看书啊！"

发生在小明身上的情况应该并不是个案，在现在很多独生子女的家庭中，这样的事情每天无数次地重复着。由于现在独生子女家庭较多，一家之中爷爷奶奶、姥姥姥爷，加上父母六个人宠着一个孩子，容易让孩子什么事都以自我为中心，对父母的劝说不放心上。

阿强在班里学习一直很优秀，他的父亲对此也很骄傲。每次考完试，阿强的父亲总是带着阿强去亲戚朋友家或是单位，当着朋友和同事的面骄傲地夸着孩子："我儿子这次又给我考了个满分……"随着父亲的不断吹嘘，阿强内心也就有些飘飘然了，觉得自己很能干。而且在他的内心还有了另一种想法——学习是为了我老爸，为了给我老爸挣面子。

有一次考试，阿强的成绩忽然下降很多，他的父亲傻眼了。向来劈头盖脸地骂道："这次考试成绩怎么下降这么多？这么丢人，让我怎么带你出门？"

"下次我再给你考个高分不就行了。嫌丢人你别带啊！"阿强吼完后摔门回到自己的卧室中……

通过上述的例子我们可以看到，阿强的父亲因为经常以孩子的成绩作为吹嘘的资本，让阿强产生了学习是为了父母的思想。学习只是为了考试、考试只是为了让父亲有面子……在这样思想的熏陶下，阿强就忘记了学习最真实的本质，因此当他考试失误时，乃至于父亲责备时，他的想法都是"这只是给父亲丢了面子"，从来没有想到这些事和自己有什么关系。

但是，同学们，你们要知道，学习是为了自己，并非为了你们的父母。哪怕父母在教育上和做法上有点儿偏激，但你们自己的心里一定要对为谁学习有一个准确的认识。

学习与否意味着你将来的成就高低；学习与否意味着你能否在这个社会上更好地生存；学习与否意味着你是否有立身于世的资本……不管怎么说，都不应该有学习是为了父母这样的想法。

不管你学习的成绩好坏，你父母的工作不会变、工资不会变、生活环境也不会改变。也许你的学习成绩能够改变的只有父母的心情。而父母对你们的期望，也只是希望你们能通过学习更好地掌控自己的命运，而并非改变他们的命运。

所以，同学们，不要再存有学习是为了父母这样的想法了。调整好心态、理清晰头绪、把百分之百的状态都用在学习上，因为这关乎你的未来、你的命运。

第二节 你不是在为老师学习

亲爱的少年：

你们在学校的时候是不是最痛恨的人就是老师——尤其是班主任呢？不要否认，因为老师当年上学的时候也这样想过。

因为班主任会时不时地站在教室的后门，透过玻璃看你是在听课还是在睡觉，还是已经逃课出去玩耍；因为班主任会在每天早上早操的时候早早来到教室，清点人数，看你是否赖床迟到；因为班主任会经常和你们的家长联系，就你最近的表现以及学习的状态和家长进行长时间的探讨……

你在为谁学习

反正是在你最不想见到班主任的时候,他基本上都会出现。

小亮在上高中的时候一直是班里学习成绩最差的学生,而且还经常上课说话、捣乱。因此,他成为老师办公室的常客,不是挨批评就是去写检查。

每次当小亮一边啃着煎饼一边优哉游哉地从网吧回到学校的时候,总能看到那个不想看见的身影及时地堵住他,然后,本应该出现在课堂上的他总是会出现在老师的办公室。对此,他总是很厌烦,而且老是抱怨班主任多管闲事。

小亮由于被班主任抓住的次数太多,所以惩罚也就逐渐升级了。从一开始在班级门口的教育到办公室的长篇大论的开导,小亮还是无动于衷,于是让他开始写检查。一开始写100字的检查,后来变成500字,再后来又涨到1000字,还是没有效果,就让他写5000字的深刻检查。

接下来,让小亮没有想到的事情发生了:有一次班主任居然在班上当众宣读小亮的检查。这让小亮一下子蒙了,以为老师要通过检查来羞辱他。但令小亮没想到的是,老师不仅没有批评他,还夸他的检查写得好,格式工整、思路清晰、层次分明……小亮的那篇5000字的检查,老师在作文课上做了详细深刻的剖析。这让小亮当时很是感动。

后来,当小亮工作以后,回忆起这段经历的时候,总是无比感激,并且感慨地说:"如果没有当年老师那样的'训练',也就没有我今天的成就啊。"而如今,小亮已经是国内一位知名作家了。

在上述例子中,同学们是否看到了自己的身影?在每天上课逃课间和班主任之间的"斗智斗勇"。在此时,每个学生或多或少都对老师有所怨言,但你们要想一下,老师何必要如此关注你们?你们将来是否出人头地和老师又有多大的关系呢？几年的中学生涯之后，双方也就各奔东西，老师继续教下一批学生，而你们则开始了新的生活。双方似乎在以后各自生活当中的交集也不会太多。老师此时把全部精力放在你们身上，只是希望你们以后能够有好的工作、好的生活，让你们在社会当中能够立足站稳。哪怕你们以后成了社会上的成功人士，又能回馈老师多少？所以，我想这些东西老师并不会去思考。

而作为学生的各位，更不要对老师对你们的管教产生抵触心理，也不要有把学习当成是为了老师考核资质的心理。你们学习好，老师当然高兴，但你们学习不好，对老师的收入和生活也不会产生太大的影响。你们一定要记住，你们学习是为了你们自己，为了你们自己将来有更大的出息。从现在开始，调整好你们的心态吧。套用一句在教学楼墙壁上经常会看到的话语激励各位——好好学习，天天向上。

第三节 你不是在为文凭学习

亲爱的少年：

生活中，这样的场景随处可见：成绩出来了，有的学生欢呼雀跃；有的学生小声抽泣；有的学生情绪消沉，面色凝重；有的学生厌倦学习，想离校出走；甚至有个别学生萌生了轻生的念头。因为学习成绩不理想，怕面对家长、老师、朋友，已成为众多青少年的共同心理。其实，过于关注分数，把它作为成败的标志、心情好坏的风向标，从而产生过大的心理压力，是不可取的。

考试是为了及时查漏补缺，是作为自我测验、检查的手段。也就是说，考试不应作为我们的学习目的，至于考试所得分数，需具体分析。由于各种因素的制约，分数并不能完全判断出自己学习的全部情况。

中外有不少杰出人士在青少年时期所表现出的天赋条件、所考的分数并不好。但是，由于自己艰苦奋斗，勤奋好学，终于成为著名的人物。

拿破仑小时候很愚笨，学习成绩非常差，唯有身体健壮是他的优点。他在巴黎军事学校毕业时的成绩排名是第42名，虽不知该班毕业生人数是多少，但这个名次，总不能算是好成绩。从他的传记中看到，他只有数学比较好，其他学科都很差。据说，他终生不能用任何一种外语准确无误地说或写。更有趣的是，战胜拿破仑的威灵顿公爵，小时候也被认为是一个"愚蠢"的孩子，学习成绩很糟。甚至连他母亲也说他是个"笨蛋"。

郭沫若先生读中学时留下了两张成绩单，从成绩单上看，他当时显然也算不上优等生。第一张成绩单平均成绩79分，包括国文、图画在内有三门功课不及格，最差的仅35分。第二张成绩单上，图画、习字的成绩也很一般，倒是理科成绩如几何、代数、生理等比较优秀。后来他没有成为数学家或医学教授，却成了大诗人、大书法家、大考古学家。

有人风趣地说："如果郭沫若在今天上中学，这样的成绩是很难考进大学的，即使考上了，家长和学校也一定要他上理科。像郭老这棵大师苗子肯定会被'善意'地扼杀了。"

钱锺书先生是现代著名的文学研究家、作家，自幼受到传统经史方面的教育，中学时擅长中文、英文，却在数学等理科上成绩极差。报考清华大学时，他的入学考试数学仅得15分，但因国文、英文成绩突出，其中英文更是获得满分，于1929年被清华大学外文系破格录取。

后来，他写出影响巨大的《围城》、《谈艺录》、《管锥编》等，被人誉为"拥有20世纪最智慧的头颅"。

通过上面的名人事例，我们完全可以得出这样的一个结论：成绩并不能代表一切，也不能决定人生，不能以天赋论英雄，也不能以分数论英雄。很显然，仅仅用学校的成绩单来衡量青少年的聪明与蠢笨是不公正的。

有些青少年厌恶学习，还有一个原因，就是认为十几载的寒窗苦读只只换来一纸文凭，这样自己的付出和结果不成比例。而且近年来越来越多的事实表明，拥有高学历的人不一定能够在社会上取得绝对优势，有时，研究生和本科生的就业率还没有专科生好。在这种背景下，有很多青少年朋友更加质疑学校教育的意义。

有这样一则寓言故事：

> 母鸡用自己积攒了一年的积蓄，从狐狸那里买到了一张"游泳大学毕业证书"。于是它拿着证书兴高采烈地去找凤凰，要求凤凰给它落实"游泳健将"的待遇。
>
> 然而出乎母鸡的预料，凤凰并没有答应母鸡的要求。凤凰说："你的职责是下鸡蛋，这毕业证书对你一文不值。"
>
> "咯、咯、咯，"母鸡愤怒地争辩说，"你说得倒轻巧！这文凭来得容易吗？它可是我用钱买来的呀——一年的鸡蛋钱！你知道吗？"
>
> 凤凰冷静地回答说："事情正是如此，凡是原本用金钱买不到的东西却用金钱买到了，它原有的价值便不存在了。"

文凭不等于水平，这已经是众所周知的真理，文凭不能真的遮羞包丑，天长日久，一个人的真实面目总会被揭开，所以，我们一定不能用功利主义的态度对待文凭，更不能把今天在学校中的学习生活单单看成是获得文凭的手段，那样做，就大错特错了。

我们所能做的，不是拒绝现在的学校教育，而是端正学习态度，为了增长知识，提高能力，提升自己的精神面貌而学习，在校园中，重视培养自己多方面的素质，而不要把分数、名次等看得太重，因为那些东西，只是暂时的"荣耀"或"耻辱"，不能代表自己的未来，只有握在自己手中

你在为谁学习

的本领和才干,才是今后安身立命的根本,明白了这一点,就明确了学习的方向,不会再感到迷茫了。

第四节 你是在为自己学习

亲爱的少年:

　　父母、老师经常会对我们说:读书是为了自己。但是有时,事实好像并不是这样,成绩并不完全和自己的感受挂钩,成绩好的同学可能并不快乐,成绩不好的同学有时却能开心生活,放松交友,在同学之间很受欢迎。

　　从目前来讲,我们学习的短期目的似乎只是拿高分,满足父母和老师的期待,让他们展露欢颜,当我们的成绩下滑时,最担心的也莫过于无法向他们交代。这甚至让我们的心里产生了一种错觉:好像学习并没有为我们自己带来真正的好处,只是为了父母、老师的要求才不得已而学的。毕竟三角函数和细胞结构图什么的与我们目前的生活和幸福之间好像找不到任何关联。

　　但是静下心来想一想,父母、老师无疑是非常爱我们的,难道他们会任由我们为了一件毫无意义的事浪费生命吗?绝对不会,他们已经走过了几十年的人生,他们经历过同我们一样迷茫、厌恶学习的时期,也经历过知识储备的不足所导致的惨痛教训,体验过知识为自己带来的喜悦、光荣和成功,走过这段蹒跚的道路,他们经过分析和总结,也发现了一个道理:虽然学习知识的过程也许有些累和枯燥,但是它的结果绝对是甜蜜的。他们爱自己的孩子和学生,所以,当他们想把他们的人生经验向他人传播的时候，首先想到了你们——他们最亲近的人。

他们也不想让自己的孩子怀着痛苦的心情做枯燥的数学题，也不舍得让自己的孩子舍弃一部分休息的时间去背诵古文，但是他们更深深地知道，没有苦痛和艰难的努力就没有成长，没有日后的成功，就会在社会上步履维艰，所以他们宁愿选择让你们现在痛苦，而且，事实上，努力之中也自有快乐，当你们经历了入门期的枯燥体验，你们也会发现学习的天地里别有洞天，那里的神奇和奥妙是你原来难以想象的。

所以，我们必须明白，无论一个人是为了祖国而学习，还是为了父母而学习，学习的直接受益者都是自己。

只有学习，我们才能体会到遨游于知识海洋的快乐；只有学习，才能体验目标实现的成就感；只有学习，才能在未来社会中立好身，找到自己认为最理想的工作和职业；只有学习，才能实现让妈妈住进大房子、带奶奶环游世界的梦想；只有学习，才能让我们成为一个高素质的、有内涵有魅力的人；只有学习，才能让我们有更敏锐的触觉去体验生命的喜悦与快乐。

有一个小男孩，他父亲是一位马术师，他从小就必须跟着父亲东奔西跑，一个马厩接着一个马厩四处奔波。男孩的求学过程很不顺利，初中时，有一次老师叫全班同学写报告，题目是：《长大后的志愿》。

他洋洋洒洒地写了七页纸，描述他的伟大志愿，那就是想拥有一座属于自己的牧马农场，并且仔细画了一张200亩农场的设计图，上面详细标有马厩、跑道等，然后在这一大片农场中央，还要建造一栋占地4000平方米的豪宅。第二天，他将他的心血之作交给了老师，两天后，他拿回了报告，报告第一页上打了一个又大又红的"F"（不及格），旁边写了一行字：下课后来见我。

脑中充满困惑的他下课后带着报告去找老师，问："老师，为什

你在为谁**学习**

么给我不及格?"

老师回答道:"你年纪还小,不要老做白日梦。你没有钱,什么都没有,盖座农场可是个花钱的大工程,你还想要花钱买地、花钱买纯种马。你别好高骛远了。"

老师接着说:"你如果肯重写一个比较现实的志愿,我会给你重新打分的。"

男孩回家后反复思量。再三考虑以后,他决定将原稿交回,他告诉老师:"我就是为了这个梦想才在随父亲流浪中坚持上学的,否则,我可能早就跟父亲去学马术而放弃读书了。"

后来,这位男孩真的实现了自己的梦想,那位老师还曾经带着自己的学生到他的农场露营。

这个孩子正是有了自己心中的梦想,他才为之孜孜以求,奋斗不息,最后到达了自己渴望的彼岸。有梦想有目标、做自己引以为豪的事情以及父母和老师的信任和尊重,是让每一个孩子保持好心态并能投入良好学习状态的三要素,而梦想或目标则又是其中的核心。梦想或目标是烛照孩子心灵的亮光,是刻苦学习的一种动力。

用心读书,就是对我们自己的未来负责。著名哲学家萨特曾经说过:"从他被投进这个世界的那一刻起,就要对自己的一切负责。"这一句话对于所有人来说都是适用的。

列夫·托尔斯泰曾经这样说过:"一个人若没有热情,他将一事无成,而热情的基点就是责任心。"社会学家认为,当一个人富有责任心时,他的自我便真正开始形成,同时,这个人也由立志开始,影响力逐渐扩大,义务感逐渐增加,并能最终做出突出的成就。

对于青少年来讲,今天的用心读书,就是对自己的未来负责。

对自己负责是人们安身立命的基础。一个人应该为自己所承担的一切责任感到自豪,想要证明自己,那就要对自己负责。

众所周知，爱迪生刚在学校上了三个月的课，就被学校开除了。爱迪生从此失去了在校学习的机会，而他又很想学习。爱迪生知道，成长的道路上需要知识，于是他就恳求妈妈教他。正是这样，他一边向妈妈学习，一边自己摸索，最后发明了包括电灯等1000多项产品。由于爱迪生为自己负责，所以他前途无限光明。

张海迪是位高位截瘫的女作家。曾经，初次得知自己高位截瘫的她，也曾万念俱灰，然而出于对自己负责，她战胜了病痛。她利用在家养伤的时间学习外语。正是这期间，为她后来的写作打下了牢固的基础，通过自学以及自我写作，最后成为世人皆知的风云人物。

假如没有爱迪生的勤奋好学，没有张海迪的顽强毅力以及他们对自己负责的态度，我们就少了一位有1000多项发明的发明家，少了一位博学的好作家，故而我们应对自己负责。

同学们在现阶段正处于学习阶段。学习，还是我们当前最重要的任务。然而有些同学却认为，学习是为上大学而准备的，如果不想上大学，就可以不学或者少学。其实无论我们身处何处、何地，没有知识都是不行的。我们应该本着对自己负责的态度，从现在开始好好学习，亡羊补牢为时不晚。在学习、工作、生活中，我们都应学会负责，对别人负责，对自己负责。

你在为谁学习

第二章 学习，拿起人生的武器

第一节 学习是生存立足的基石

亲爱的少年：

随着社会的进步，知识更新的速度变得越来越快。应对这种变化的唯一途径就是不断学习。

美国前总统克林顿说过："在知识经济时代，谁不善于学习谁就没有未来。"对于个人而言，学习是一种权利，社会的每一分子都有权利获得学习的机会。因为学习如同呼吸，意味着生命的存在。

不断学习，我们可以解读自己的人生密码，规划自己生涯发展的蓝图；不断学习，可以积累属于自己的智慧资本；不断学习，可以开发生命的源泉，实现自我蜕变；不断学习，可以打破界限，冲破限制自己发展的瓶颈。

不断学习，活到老，学到老，将学习作为生命的根本保证，正如马克思所说的那样："一个人有了知识，才能变得似有三头六臂。"

美国科学家富兰克林说："读书是易事，思索是难事，但两者缺一，便全无用处。"这句话告诉我们学习的本质就是培养人的能力，只有通过学习，掌握了这些能力，才能让我们的生存更加有保证。古人云："授人以鱼，只供一饭之需；教人以渔，则终身受用无穷。"在学习中探索生存的技能，在生存中体会学习的奥秘，人生才会越来越有意义。

有个叫约翰的年轻人，很不满意自己的工作，他愤愤地对朋友说："我的上司一点儿也不把我放在眼里，改天我要对他拍桌子，然后辞职不干。"朋友问他："你对那家贸易公司完全弄清楚了吗？对他们做国际贸易的窍门完全搞通了吗？"约翰摇了摇头，不解地望着朋友。

朋友建议道："君子报仇，十年不晚，我建议你把商业文书和公司组织完全搞通，甚至学会排除小故障的技能，然后再辞职也不迟。"看着约翰一脸迷惑的神情，朋友解释道："你把他们的公司当作免费学习的地方，什么东西都通了之后，再一走了之，不是既出了气，又有许多收获吗？"约翰听从了朋友的建议，从此便默记偷学，甚至下班之后还留在办公室研究商业文书的写法。一年之后，那位朋友又遇到约翰，问道："你现在大概多半都学会了，准备拍桌子不干了吧？""可是，我发现近半年来，老板对我刮目相看，最近更是不断给我加薪，并委以重任，我已经成为公司的红人了！""这是我早就料到的！"他的朋友笑着说，"当初你的老板不重视你，是因为你的能力不足，却又不努力学习；现在你痛下苦功，老板当然会对你刮目相看了。"

有位成功学家对学生强调：与其抱怨别人不重视我们，不如反省自己，不断提高自己的才能。现在，知识经济的时代已经来临。在这样的时

你在为谁学习

代里,才能已成为一种不折不扣的资源。才能是资本,是财富,更是无价之宝。

第二节 学习是成功幸福的保障

亲爱的少年:

英国著名作家切斯特·菲尔德说过这样一句话:"知识有重量,但成就有光泽。有人感觉到知识的力量,但更多的人只看到成就的光泽。"

11岁时的端午节那天,茅以升所在的家乡有赛龙舟比赛,前来观看的群众过多以至于压塌了桥梁,溺死了很多人。茅以升在学堂闻之,心中便萌生出建造一座坚固的桥梁的心愿。从那以后,茅以升就同桥结下了不解之缘。他的心好像全都被桥占据了,无论他走到哪里,只要见到桥就得从上到下看个够;看书时,只要发现有关桥的知识,就赶紧抄在本子上;就连无意中发现的桥的图画、照片也要像珍宝一样收藏起来。亲友们见到他对桥这样着迷,都觉得很奇怪。可茅以升的父亲却自豪地告诉大家:"你们不了解他,他是个有理想的孩子啊!"

在以后的日子里,茅以升刻苦学习。在1911年,他考入了唐山路矿学堂,专门攻读桥梁学。5年后,茅以升在毕业考试中取得了第一名的好成绩。正巧,这一年清华学堂向全国招收10名留美官费留学生,他又以第一名的成绩被录取。这一年9月,他远渡重洋,进入美国康奈尔大学学习。几年后,他终于成了一个桥梁专家,回国主持了许多大型桥梁的建造。

一个人不管做什么事,有什么的条件,身处什么样的环境,只要能够专心致志、勤奋刻苦、好学多问、坚持不懈、脚踏实地地做下去,自然会有功成名就的一天。人们唯有通过学习才能找到提高自己的竞争能力,更有效地解决困难的方法,达到自己的人生理想。

13岁时因战乱没有完成学业,这是李嘉诚最大的遗憾,但他却养成了爱看书的习惯。

有一次,他在杂志上发现美国研制出一种新的制造塑料产品的机器,但价格高达2万美元,他买不起,便决定自己研制。他勤奋地学习有关知识,最后成功地研制出了具备同样性能的机器,成本仅是美国机器售价的1/10,从此李嘉诚的工厂迅速发展。这就是热爱学习为李嘉诚带来的好处。

任何一个成功者,都是通过学习才开始走向成功的,所以一个人要成长得更快,就一定要喜欢学习,善于学习。

英国著名科学家焦耳,从小就很喜爱物理这门科学,他常常自己动手做一些关于电、热之类的实验。

有一年放假,焦耳和哥哥一起到郊外旅游。这时,突然天空浓云密布,电闪雷鸣,刚想找地方躲雨的焦耳发现,每次闪电过后好一会儿才能听见轰隆的雷声。这是什么原因?焦耳顾不得躲雨,拉着哥哥爬上一个山头,用怀表认真记录每次闪电与雷鸣之间相隔的时间。

开学后焦耳几乎是迫不及待地把自己做的实验告诉了老师,并向老师请教。老师望着勤学好问的焦耳笑了,耐心地为他讲解:"光和声的传播速度是不一样的,光速快而声速慢,所以人们总是先看见闪电再听到雷声，而实际上电闪雷鸣是同时发生的。"

焦耳听了恍然大悟，从此，他对科学知识更加着迷。通过不断的学习和认真的观察计算，他终于发现了热功当量和能量守恒定律，成了一名出色的科学家。

如果你选择了学习，就选择了改变自己，就选择了成功。无论之前你是成功或者失败，都不重要，从现在开始，努力地学习，必定有一天你会走到梦想的顶峰。

第三节 学习的力量无比强大

亲爱的少年：

你们知道吗，知识比任何力量都要强大，知识的价值对整个人类社会都是无比重要的，人类的历史从无到有，其本身就是一个不断积累知识、不断丰富知识、不断创新知识的过程。

广义上讲，知识能够使一个国家有屹立于世界民族之林的资格，并有与时俱进、开拓创新的巨大潜力：假如不懂自然科学，中国就不会有四大发明；假如不懂得地质学，人们就不会知道中国960多万平方千米土地下的宝藏；假如不懂得信息科学，我们就会变成耳聋眼花的原始人，落后于世界；假如不懂得基因科学，就不能克服遗传障碍、满足人类生存发展的需要。

知识是创新的准备，是竞争力的"内动力"，是成功的积累。爱迪生说得好:"知识仅次于美德,它可以使人真正地、实实在在地胜过他人。"没有一切的知识的准备,你不会找到什么,也不可能碰到什么。要想成功就必须牢记"知识就是力量"。

哲人休谟对知识有过这样的论述:"多读书,不断丰富自己的知识,能使心性变软和富于人情,使情感良好欢乐,而真正的美德和尊严就在其中了。一个有鉴赏力和学识的人,由于他的心灵致力于思考学问,必定能克制自己的利欲和野心,同时必定能使他相当敏锐地意识到生活中的各种礼节和责任。"

人都是应当有责任感的,多读书、多学习,你就会在知识的引导下使自己更加明确责任,知道自己应当做一个什么样的人,自己应当为社会做些什么。你就会因而努力地去实现心中的愿望。这就是知识决定你命运的一个过程。

从狭义的方面讲,知识让一个人拥有改造自然、改造社会的能力,能够使自身达到理想的境界,实现个人的人生价值。

阿基米德是古希腊伟大的数学家,他是科学史上第一个将物理与数学融会贯通的人,阿基米德不但是一位伟大的科学家,还是一位伟大的爱国者。当罗马帝国的军队侵犯他的家乡时,70多岁高龄的阿基米德挺身而出,竭尽自己的心智,为保卫国家而战斗。传说阿基米德制作了一面巨大的抛物镜,把阳光聚焦后反射到罗马军队阵营中,燃起熊熊大火。他还发明了一种投石器,能迅速投出成批的石子,把逼近城墙的士兵打得头破血流。罗马军队的统帅说:"我们是在同数学家打仗!阿基米德安稳地待在城里,却能焚烧我们的战场,他一下子掷出铺天盖地的石子,真像神话中的百手巨人。"

拥有知识的人又岂止是百手巨人?高尔基曾经说过:"没有任何力量比知识更强大,用知识武装起来的人是不可战胜的。"

你在为谁学习

人必须要有知识，知识就是引人走向光明的明灯，就是供给身体营养的血液，就是灵魂的粮食，就是扫除恐惧的扫把，甚至于知识就等于生命，知识就等于财富。

2004年12月26日凌晨，在东南亚、南亚一带的印度洋海域突然发生了海啸，"整个海洋陡然间站了起来"，一场浩劫刹那间夺走了数万人的生命。

当时，有一位年仅10岁的英国女孩却挽救了所有和她在同一处海滩上的人。因为两周前，她的地理老师讲解了地震和地震如何引发海啸的知识，并让她和同学们观看了海啸的录像。因此，当她在海滩上，看见海面出现异状，海水开始起泡沫，海潮突然退走时，她知道海啸就要来了，于是她及时地告诉了妈妈，她妈妈又通知了大家。

正是凭着课堂上学到的海啸知识，她不仅救了自己和父母，也挽救了泰国普吉岛麦考海滩和附近一所宾馆数百人的生命。英国《太阳报》报道了此事，并称这位女孩为"海滩小天使"。

这个故事告诉我们：学习很有用，只要学习就可以获得知识，只要对知识进行活学活用，它就可以在需要的时候保护我们的生命。

网易公司的创始人丁磊、搜狐公司的创始人张朝阳，不仅通过知识改变了自己穷困的命运，而且几乎在一夜之间成为巨富。当然，知识不仅可以保护和挽救人的生命；不仅是赚钱的最好工具，同时也是人生最美妙的情感体验之一。人的知识愈广，本身也就愈臻完善，人生的感受也就越幸福。

培根在《论求知》中写道："读史使人明智，读诗使人聪慧，演算使人精密，哲理使人深刻，伦理使人有修养，逻辑修辞使人善辩。"

知识，特别是广泛而深入的知识能够提高自己的形象，丰富自己的涵养，让人高山仰止，让人心生敬佩。

人类的知识宝库是不断积累起来的，一个人的认识过程也总是由知之不多到知之较多，是一个不断丰富、不断充实的过程。知识是从学习中得到的，孩子们，只有掌握知识，才能丰富、完善和充实自己，才能创造更多的财富。

抓住我们的青春好年华吧！趁我们身体还强壮、脑子灵活，不为众多琐事羁绊之时，多学一些知识，多长一些学问，把人生的路修得更长、更远、更精彩、更辉煌！

第四节 打倒学习当中的"敌人"

亲爱的少年：

在学校里，成绩、名次就像贴在学生脸上的标签，有的同学进学校就像进战场一样，感觉到处都有自己的"敌人"。确实，学习的敌人有很多，比如学习焦虑症、厌学心理、考试焦虑等，如何打倒学习的敌人，成为一个成功的学生呢？

小云是一名本科一年级的学生，父母均为农民，两个哥哥先后大学毕业，她经过高考，终于实现了自己"像哥哥们那样上高等学府深造"的愿望，抱着一种与现实差距较大的神秘幻想，跨入大学门槛。入学后紧张的军训，她挺过来了，可是大学紧张的学习生活，她却难以承受。她说："生活真没意思，学习压力太大，没想到这样难，特别是高等数学和画法几何，学起来十分吃力。高中时我数学不是特别好，但也还过得去。现在上课时老师不停地讲，前面的内容还没完全

你在为谁学习

听懂，后面的又接踵而至。尤其是画法几何，我怎么也想象不出来那些线条在空间中是什么样的几何形状，太抽象啦。没想到大学的课程难度这么大。我最害怕的是期末考试不及格，要是真的及不了格可怎么办呀？从上小学到高中毕业，我还从来没遇见过这种困境。"

小云主要是产生了学习焦虑，害怕考试不及格。她感觉到大学的教学内容多、进度快，学习吃力，在学习上遇到了前所未有的困难，特别是因自己的空间想象能力较差，数学基础一般，所以，一时难以适应大学数学较高的抽象思维能力的要求。尤其是画法几何这门课，小云在高中几乎没有涉猎过，学习上感到非常吃力，失去了自信，乃至产生了恐惧感，甚至感到就像真的已经考试不及格了一样。

一项调查显示，学生感觉压力太大，由于面临激烈的学习竞争的压力，学习焦虑已成为学生常见的心理疾病。

那么，如何让自己克服学习焦虑，拥有平和心态呢？

首先，消除焦虑，正确认识自我。不管是学习环境改变了，还是其他因素引起心理上的不适应，都应该调整认识，增强心理适应能力。提醒自己不要使这种合理的变化变为压力，要充分相信自己的实力。同时，打开心灵的大门，这是消除焦虑的关键，要和老师、同学多进行思想交流，沟通心灵，以消除孤独、烦躁的情绪，保持心情舒畅，从而减轻由于焦虑而产生的压力。

其次，合理安排时间，改变学习方法。要有意识地注意劳逸结合，有张有弛，学会科学、合理地安排学习时间，尽量提高学习效率，不打"消耗战"，针对自己的实际情况制订学习计划和作息时间，严格按照作息时间表去作息，保证足够的休息和睡眠。学习一些简单的方法，让自己解除紧张焦虑。我们感到紧张焦虑时可进行简单的自我治疗，可以通过呼吸放松训练、听音乐或体育锻炼等有效的方法，使自己的紧张和焦虑情绪得到控制，从而逐步增强自控能力。

厌学是学习的敌人，它是学生勤奋进取的阻力，它使学生背上沉重的心理负担，情绪压抑，意志消沉，烦恼忧郁，对人生缺乏积极向上的态度。学习上的思想障碍还会造成学生强烈的逆反心理，加深与家长、老师之间的心理鸿沟。人际关系处理不当，精神紧张，又会反过来会加重心理上的不平衡，由于心理上的矛盾，情绪障碍，精神包袱过重，必然还会产生多种不适症状，比如失眠、心神不安、注意力分散、记忆力减退、精神萎靡不振、忧郁悲观等。

学生进行自我调节，摆脱各种厌学情绪，具体应掌握以下方法。

首先，端正学习态度。学习态度包括学生对学习的看法、情感以及决定自己行为倾向的心理态度三个组成部分。对学习的看法，即是学生对学习目的、意义的看法；对学习的情感，即是在学习活动中的情绪状态和情感体验，如喜欢或讨厌、愉快或不安等；决定行为倾向的心理态度即是打算如何学习，如何达到学习的目的。

其次，应克服急于求成心理。学习上不能急于求成，要循序渐进，储备足够的知识，并及时进行心理上的反馈调节。要经常检查自己心理上是否健康，改变不良心态，要制订科学的学习计划并保证计划的有序性、节奏性及适当的弹性，这样就会克服各种学习时情绪上忽冷忽热急于求成的心理。

最后，一旦出现厌学现象，应及时找出主、客观因素。对主观因素造成的学习障碍，要以积极的态度进行自我调适，并以顽强的意志加以克服；对客观因素造成的学习障碍既不能自卑自责、悲观失望，也不能消极、被动地对待，要以积极稳定的心态，通过多种方法、多种途径来解决。

在一般人看来焦虑似乎是一种不利的情绪状态，其实，焦虑作为一种不安的情绪，是个人内动力的表现，是一种正常的适应行为。在人类的生存和发展过程中，焦虑是不可避免的一种体验，它并不完全是有害的情绪反应，适度的焦虑是人们学习、工作和生活必不可少的心理成分。人无所求就无所虑，学生如果在学习上没有一定的焦虑，就会失去刻苦读书的内动力。

焦虑对于考试来说也不完全是坏事，考试紧张是一种自然现象，适度的焦虑能使学生兴奋，增强参加考试的认真态度，提高答题效率，应该说是有利无害的。相反，如果焦虑度不足，对考试过于放松，反而考不出好成绩。

然而，焦虑过度就会影响学习、工作和生活，严重者会患上焦虑性神经症，一旦发现是病症应及时去医院治疗。学生中的学习焦虑大部分属一般焦虑过度，可从心理方面加以调节，且正常人的焦虑会随事过而消失。

如何克服考试焦虑呢？很多考生在临考前拼命"开夜车"，导致睡眠不足，加上平时又缺乏体育锻炼和文娱活动，大脑由于缺氧而导致昏昏沉沉，复习效率很低。这种做法很不科学，容易造成身心疲惫，虽然从表面看，突击对于短期内应考十分奏效，但是容易造成考试时思维迟缓、记忆力减退或思维活动不集中等结果，使得心情紧张，加重怯场现象。还有的学生没有良好的复习方法，对考试缺乏信心甚至感到绝望。研究记忆的心理学家指出：对自己的记忆缺乏信心，也是记忆力下降的原因，而绝望情绪则会使人的体力和智力水平大为降低。因此，考前的生活方式和心理准备都将直接影响考场上水平的发挥。

考生即使在考前有充分的准备，在考试时碰到棘手的难题也在所难免。有些学生有怯场的毛病，一遇到难题就紧张，甚至会头脑一片空白，在一道题上浪费太多时间，最后没时间做剩余的题目。在答题时应先易后难，以逐步增强信心，而且在困难时学会自我安慰也是必要的，碰到难题时想想"自己不会，别人也未必会"，等到别的题目都做完了，紧张情绪就能得到缓解，再来攻克难题，这时考前由于紧张而导致遗忘的内容也许就记起来了。迎难而上，会取得神奇的效果。

只要没有辜负你自己的学生时代，那么生活就不会辜负你。打倒自己学习的敌人，成就自己美好的一生！

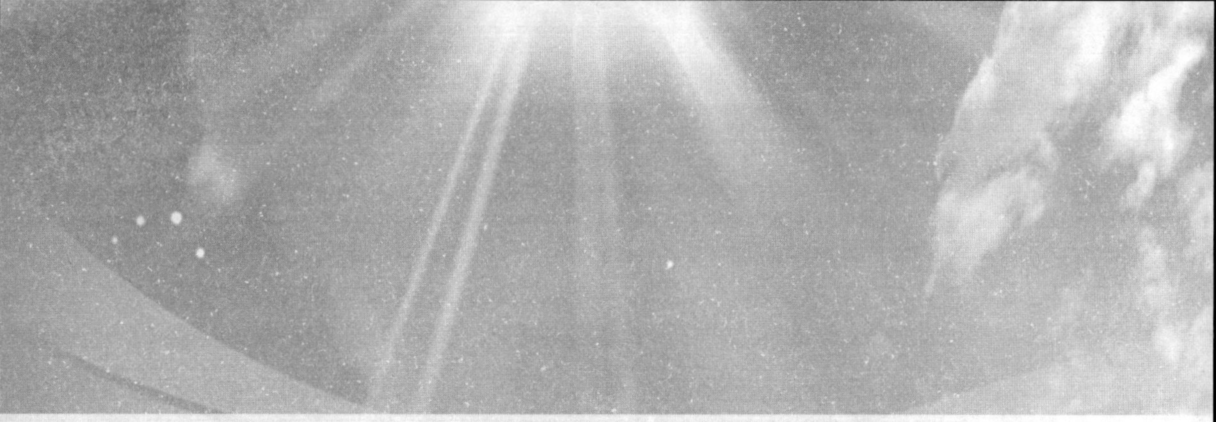

第二篇

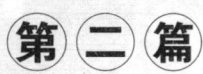

最可贵的学习精神

知识有个非常明显的特点，那就是如果你不想学习，就没有人能把它塞进你的大脑里。所以，我们要树立远大的目标（一个人所能取得的成就，在很大程度上取决于他在童年时的梦想是科学家还是小摊贩）。“点燃”对学习的热情，搏击生命本应有的高度。

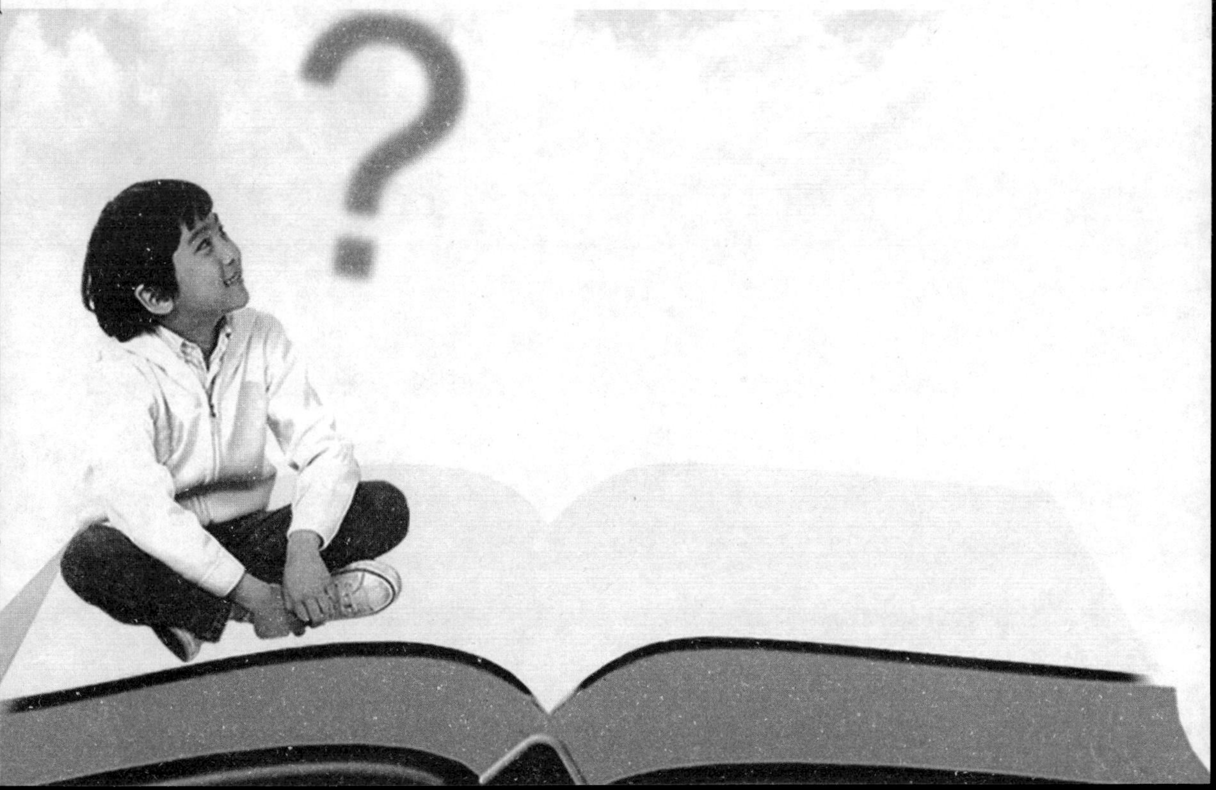

第二篇 最可贵的学习精神

第三章 学习，没有任何借口

第一节 厌学的心理从何而来

亲爱的少年：

你有厌学的情绪吗？所谓厌学情绪，是学生对学习以及与学习有关的事表现出厌倦甚至厌恶的心理现象。厌学情绪常常表现在不按时完成作业、课堂上与老师作对、逃课等行为上。

小兵是一名初中二年级的学生，在班上学习成绩属中等偏下。小兵从小父母离异，与外婆一起生活。父亲由于自身经济情况较差，很少给予小兵照顾。母亲再婚后，曾接小兵和继父一起生活，但继父要求较为严格，曾因为小兵犯错而责罚他，以致小兵对继父一直耿耿于怀，再不愿与母亲生活在一起，之后一直与外婆生活。

小兵在小学时，各科成绩都很优秀。进入初中以后，学习开始有点吃力，在一次期中考试没考好之后，小兵就觉得心里特别烦躁，经

你在为谁学习

常说头痛、难受，不想上学。初二上学期开学后，班级里一个同学告诉他打游戏很好玩，他从此迷恋上了打游戏，以至于上课总是无精打采，提不起精神，上课老师讲到什么地方都不知道。老师针对他的表现，多次批评教育他。但是由于没有父母关心和管教，他不愿听课，不愿记笔记，拿起课本就烦，学习成绩下降很快，而成绩越下降就越不愿学习。

这是一个学生因家庭因素和自身因素引起成绩下降，并最后导致厌学的事例。小兵产生厌学情绪的原因既有家庭关心和教育的不足，也有自身的因素。缺乏家庭教育导致小兵性格较为内向，个性自卑、孤僻、不合群，当遇到问题的时候，缺乏社会支持。而小兵渴望取得好成绩，对自己期望很高，但是初中的学习内容比小学深奥，学习方法也会不一样，由于缺乏家长指导和正确的学习方法，小兵学习成绩得不到提高，反而逐渐下滑，导致他学习动力不足、丧失学习兴趣和学习信心，用逃避的方式来解决问题。

小亮的妈妈最近一直很苦恼，自己的儿子最近不知道为什么一提到学习就心情烦躁，一拿起书本，就哈欠不断，写作业时也磨磨蹭蹭。妈妈让小亮复习功课，他就冲妈妈说一句："没什么好看的。"妈妈追问了半天，小亮才冒出一句："学习真没意思，真累！"妈妈很是焦虑，找到了班主任，班主任直截了当地告诉妈妈，小亮现在十分厌学，班主任也正要找家长联系呢！

小亮的这种对学习的反应，实际上是厌学的一个典型案例。对学习烦躁、厌烦，不想学，但又不得不学，于是出现了消极应付的情况。长时间的厌学，会使学生把学习当成一个沉重的负担，从而造成很严重的后果，也使家长非常苦恼。造成厌学的原因是多方面的，有主观的原因，也有客观的原因。

主观上看，或是因为学习中经常遇到挫折造成的。如考试失利、排名落后、努力难以取得成就，从而感到自己不是学习的材料，久而久之，对学习失去兴趣，失去信心，产生厌烦的心理。或是因为个体的懒惰、不思进取造成的。学习是一项艰苦的劳动，学习者要经过"苦海"的磨炼。由于懒惰、不思进取，学习处处遇到困难，就自然讨厌学习了。

客观上看，有的教材内容的陈旧、单调、枯燥也会引起学生的厌学。一项针对青少年的调查表明，62%的学生由于对课本上所选课文的内容没有兴趣或是对其难以理解，从而产生厌学心理。教育者往往也是厌学的一个直接原因，教育方式的不当或不尊重学生，往往也会造成其厌学心理。

曾有一位大学生回忆说："我曾经非常喜欢历史，但到了高中后，历史课只是一种模式，即学生先看，看完后老师讲重点，剩下时间去背，再然后是考试，慢慢地我就讨厌历史这门课了。"厌学的原因主要是严重缺乏学习兴趣。学习兴趣可以使人的学习进入高能状态。在浓厚兴趣推动下的学习活动，一旦成功，就会产生学习的价值感、荣誉感和喜悦感，进一步强化了学习的需要，青少年将会采取更为积极的学习态度和学习行为。

那么，该怎样激发学生的学习动机，克服厌学心理呢？

1.树立正确的进步观

很多学生有一个错误的进步观：分数、名次进步了才是进步，所以学习的目的成了追求分数。即使知识学得不扎实，只要考试成绩还过得去，就沾沾自喜。相反，即使自己努力了，也学到知识，培养了一些能力，但由于这次考试的试题，恰好大部分出在自己掌握的知识范围之外，导致分数不太理想，而垂头丧气，丧失信心，甚至从此一蹶不振，破罐子破摔。这都是错误的进步观惹的祸。

正确的进步观应该是：今天，我们学会了一条成语，是一种进步；记住了一个单词，是一种进步；学会了一道数学题，是一种进步……那么，只要在学习，我们天天都在进步，时时都在进步。这才是正确的进步观。

厌学情绪，很多情况下就是由错误的进步观引起的。一旦树立了正确的进步观，学生就会时时感觉到自己的进步，也享受着进步的喜悦。慢慢地，厌学情绪就可以克服。

2.设置恰当的学习目标

设置一个适合自己的学习目标，刚开始目标不要过高，过高的目标容易使自己产生较大的心理压力，往往欲速则不达；目标太低则起不到应有的激励作用。所以目标要明确为中等难度，可以近期达到。

3.掌握科学的学习方法

"最有价值的知识是关于方法的知识。""方法对头，事半功倍。"这些名言俗语都强调了方法的重要性。

4.进行正确的归因

每个人对自己成就情境的归因不同，就会引起认知、情绪和行为反应的不同。合理的归因可以提高自信与坚持性，而错误的归因会增加自卑和自弃等不良情绪和行为。如果我们在考试中没有取得好成绩，这并不能说明自己不如别人，不要给自己太大压力。高估了学习中的困难，低估了自己的学习能力，学习成绩会越来越差。

正确认识自己，认识课程的难度。要相信自己，课程也并不像自己想的那么难，只要自己努力，一定会取得好成绩。

第二节 向磨蹭说"再见"

亲爱的少年：

磨蹭是学生在学习和生活中常见的坏毛病，总是把今天该完成的事情拖到明天。这种坏毛病容易使学生学习无计划、做事拖拉、丧失进取心。

　　小雯学习还不错，但就是做作业时很磨蹭。本来30分钟可以完成的作业，竟要磨蹭一个晚上的时间，有时都到24点多了还在做作业。更要命的是，这还是在家长陪伴的情况下，如果妈妈不在旁边看着她，估计一晚上她都写不完作业。小雯妈妈常常抱怨："这孩子做作业时，才写了两个字就开始抠橡皮、玩彩笔，一小时都写不了10个字。"

　　小雯的妈妈为小雯做事没有效率而着急。本来正在吃饭，忽然窗前有小鸟飞过，小雯就会放下饭碗去看个究竟；本来要去刷牙，可是当小雯走到浴室里发现有一池水，她就开始玩了起来，刷牙当然就放在一边了……这小家伙做任何事情都这样，边做边玩，慢慢吞吞，耽误了好多时间。

　　我国古人有一首《明日歌》："明日复明日，明日何其多，我生待明日，万事成蹉跎。世人若被明日累，春去秋来老将至，朝看水东流，暮看日西坠。百年明日能几何？请君听我明日歌。"这首诗告诉我们，时间是无情的，一去不复返。

　　磨蹭拖拉是许多人的一大毛病，一旦这种情况成为日常习惯，生命就会在虚空中一天天过去。因此，我们应该像张海迪那样，今日事今日毕。

　　张海迪在5岁的时候，患了脊髓血管瘤，造成高位截瘫，成了一个残疾儿童。当时，她家住的是一座刷着红漆的三层小楼，每当她在窗口，看着那些上学小孩的身影，心中就无比羡慕，因为她也想去学校读书。

　　妈妈在了解张海迪如此热爱学习以后，于是决定，无论说什么也要满足她的心愿。不能去上学，家里请不起老师，爸爸妈妈就在下班

你在为谁学习

后亲自教她。

张海迪很高兴，也特别爱学习，但手术造成的肋间神经痛时时折磨着她。有时，她实在感到疼痛或疲倦，连作业都无力完成，就对妈妈说："这些作业我明天再做行吗？"妈妈却郑重地对她说："今日事今日毕！"听了妈妈的话，张海迪明白，学习是自己的事，绝不能拖拉，就在心里告诉自己："我要像在学校读书的孩子一样，每天完成作业！"于是，她每天都订下计划，不完成当天的计划不睡觉，绝不把今天的事拖到明天做。

就这样，没有机会走进校门的张海迪靠自己奋发努力，学完了小学、中学的全部课程，还自学了英语、日语、德语等，并攻读了大学本科和硕士研究生的课程。在学习的同时，她还从事文学创作，先后翻译了《海边诊所》等数十万字的英语小说，还编著了《向天空敞开的窗口》《生命的追问》《轮椅上的梦》等书。

每个人都知道光阴的可贵，有句话说"莫等闲，白了少年头，空悲切"，就是警惕我们不要拖延，如果一拖再拖，永远没有实现的一天。

造成学生学习磨蹭，通常有这几种情况：一种是学习兴趣低落，硬着头皮应付，疲沓无奈，能拖就拖，缺乏自信，不负责任；第二种是"慢性子"，行动迟缓，慢条斯理，紧张不起来，任你着急催促，依然故我；第三种是缺乏时间观念、效率观念，不知道时间对人生的重要意义。因此，矫治磨蹭要分别不同情况，对症下药。第一种情况要在激发学习兴趣、增强自信、提高责任心上下功夫；第二、三种情况要在专时专用、提高学习效率上努力。那么，如何通过训练，从而戒掉这个坏毛病呢？

1.增强竞争意识，加强时间观念

现代社会，生活节奏日益加快，虽然学生还没有接触社会的经历，但已经感受到紧张气息。总有一天，学生要长大，一个做事没有效率的人是无法在竞争激烈的社会中立足的。因此，从小训练时间观念和竞争意识是很有必要的。

2.加强专时专用、提高效率的训练

确定每次学习的时间、任务、目标要求，到时完成，评价结果。每次学习，都把三者结合起来。要根据自己的年龄特点和个性特点，在三者的要求上有所区别。只要尝到提高效率的满足感，自然就会下意识地提高效率。

3.增加计时性活动

喜欢磨蹭的学生，不只学习如此，生活的各个方面也都磨蹭，如穿衣、吃饭、收拾书包文具、洗衣物等。因此，克服磨蹭毛病，需从不同角度入手。从实际表现出发，增加计时性活动是可行的方法。做某件事情需要多长时间，要事先设定，然后以最快速度保质保量地进行。事后要做出总结，以便下次做得更好。对低龄的学生，如果家长跟孩子一起进行计时阅读、计时记忆、计时答题、计时劳动的小竞赛，会有更好的效果。

磨蹭一旦成为习惯，改正非常困难，并且，会引起一系列后果。因此，我们要从点滴小事做起，提高做事效率，逐渐克服磨蹭的坏毛病。

第三节 改掉懒惰的恶习

亲爱的少年：

你们知道在学习当中，最大的忌讳是什么吗？就是懒惰。懒惰就像个恶魔一样总在黑夜出现，它依附那些头脑中长满了一些"思想杂草"的懦夫，与他们如影随形，并时时折磨人们。在每个人身上，懒惰的表现程度和表现形式也不同，比如：躲在树荫下聊天，不想动身；沉迷于娱乐中，

你在为谁学习

即便知道还有许多应该做的事也不能立刻行动起来；办事总是拖拉磨蹭；拈轻怕重，重活、累活推给那些表现积极先进的人去干；缺乏行动，总是想美好的未来会轻易实现；浑浑噩噩，得过且过……

懒惰的人喜欢不劳而获，因此他们什么也不想做。有一个哲人周游世界各地，见识十分广泛。他对生活在不同地区、不同国家的人有相当深刻的了解，当有人问他不同民族间的最大的共性是什么，或者说最大的特点是什么时，这个哲人回答道："好逸恶劳乃是人类最大的特点。"

的确，懒惰是我们学习进步的一大顽疾。任何学生一旦背上了懒惰这个包袱，便会整天怨天尤人，精神沮丧、无所事事，丧失进取心。因为懒惰，不愿意爬过一个小山岗；因为懒惰，不愿意去战胜那些完全可以战胜的困难。有的人一生一事无成，就是因为他们懈怠懒惰。

一位本来很聪明的大学生，大学四年都是班上前几名。她很早就立下志愿要靠考研，可是从来没有行动起来。每天她都是10点多钟才起床，不但屋里很乱，人也没有精神。如今快到30岁了，学业、事业一无所成。

在我们的周围，像这位大学生一样的例子比比皆是。因为懒惰，他们曾经的才华就像生锈的宝刀，经久不练，再也没有削铁如泥的锐利。尽管他们外表看来与常人无异，但实际上曾经一度在他们心中燃烧的热情之火已经渐渐熄灭，取而代之的是无边无际的黑暗。

人生不怕慢，就怕停，在一个地方时间长了，就不想去接触新鲜的事物。一旦我们停止使用我们的肌肉和大脑的话，一些本来具备的生理优势和能力也会在日积月累之后开始生疏、退化，最终离我们而去。更为严重的是，懒惰，会使我们的神经麻木，对潜在的风险也缺乏预防和应变能力。

富兰克林说过："懒惰像生锈一样，比操劳更消耗身体，经常用的钥匙是亮闪闪的。"无论对于一个人还是一个民族而言，如果惰性成风，就没有获得进步和长足的发展的希望。有些人因为懒惰，总想不劳而获，一天到晚都在盘算着去掠夺本属于他人的东西。可见，懒惰折磨着人的心灵，腐蚀着社会风气和生活的希望。

更危险的是，懒惰还会引发疾病。你若仔细观察就会发现，那些懒散的人，连走路都拖拖拉拉。正是因为他们不愿意运动，懒得出奇，因此患上冠心病、中风、高血压、糖尿病、骨质疏松症、肥胖症、结肠癌以及乳腺癌等疾病的概率远超常人。

如果你想拥有健康的身体，如果你有理想，想成为对家庭、对社会有用的人，不想平庸，就一定要有决心，改掉懒惰的恶习。虽然克服懒惰是件很困难的事情，但是只要你决心与懒惰分手，并且运用自己强大的意志力，持之以恒去改变自己的这个弱点，那么，你所渴望的灿烂未来也会在你的行动中早日到来。

第四节 学习莫要太焦虑

亲爱的少年：

老师向全班提问时，为什么有的学生觉得是在提问自己而感到不安？为什么有的学生一听说要"考试"心里就紧张？为什么有的学生在没有完成任务之前，就开始担心完不成任务……

你在为谁学习

小浩是一名初中三年级的学生。他曾是班长,是班上大小活动的积极分子,学习成绩在班上也是一路领先,每次考试都是全班第一。老师每次在班上列举表扬的例子,他都是名列其中。然而一次外语考试,他却从以往的第一名掉到了第十名,从此,他变得沉默寡言,也很少再主动提出搞一些文娱活动。后来经医院诊断,他患上了忧郁症。

由于学习成绩一向特别出色,致使小浩产生了心理上的优越感和成就感,而学习成绩的突然下降,他在心理上则接受不了,产生了挫败感和自卑感,从而沉默寡言、孤独封闭、郁郁寡欢,患上了忧郁症。

每个人都会在一定生活情形下体会到焦虑与恐惧等心理体验。但是,对一些人来说,焦虑变成了一个严重问题,干扰了他们处理日常生活与学习的能力,使他们失去了享受生活与学习的乐趣。学习焦虑是学生常见的学习心理问题,需要引起同学们的高度重视。学习焦虑基本包括两种情况:一种是焦虑度过高,一种是焦虑度偏低。一般,当我们提到学习焦虑时,更多的是指焦虑度过高这种情况。

导致焦虑水平异常的原因大体可分为外部因素和内部因素两类。外部因素来自于社会、学校、家庭。例如,学生面临升学、就业的激烈竞争,社会、学校、家庭都普遍存在一种"以学业成败论英雄"的价值取向,学习的重负对大部分学生的自信心和价值感构成严重的威胁,一旦学生在学习中遇到挫折和失败,即可能产生焦虑度过高的现象。但是,对于学习焦虑有根本作用的,还是内部因素。导致学生学习焦虑异常的内部性因素主要包括某些具有不良影响的成就动机、心理定式、情绪情感、气质类型和对学习成败的归因分析,等等。

无论是外部因素,还是内部因素,对焦虑异常的学生,都会交互发生作用,形成一种恶性循环,使这些学生的心理承受过量。

对于一个学生来说，适当的焦虑是正常而且必需的，它可以转化为学习的动力，让他学得更主动、更有目标。但过度的焦虑则会制约学习，成为前进路上的绊脚石。那么，怎样才能克服学习焦虑症呢？

1.增强自信心

自信是成功的基石，自信的有效方法是积极的心理暗示。它可调节人的情绪和行为，对减轻学习焦虑、考试焦虑有显著作用。

2.合理设定学习目标

学习的目标不一定是成绩第一。只要自己每天都学到新的知识，超越了以前的自己，那么自己就是进步的。目标是应该有的，但不应该总放在心上，它是在正前方指导我们前进的。目标是动力而不应该是压力。

3.掌握科学的学习方法

首先要合理安排时间。每天的零碎时间可以计划一下，列成表格，有针对性地解决一两个问题，切忌东翻翻西摸摸，让自己处于无序状态。其次，追求高效率的听课效果。在听课时，需要纠正两个误区：①某个环节听不懂或者自以为很懂了，嫌弃老师讲得不好或者讲得太仔细、太啰嗦，干脆不听，认为反正课后可问同学或者自学也行。殊不知，这样做极大地浪费了宝贵的学习时间。②因为老师批评过自己或者自己觉得该老师上课的风格不合自己的胃口，就主观上排斥该老师的课程教学。

4.正确对待考试焦虑

考试焦虑通常表现为考试期间吃不好、睡不好、考场上发挥欠佳等。

对策一：平时认真学习，"不打无准备之仗"，考前进行系统复习，增强自信心。

对策二：正确认识考试。考试不是人生的唯一，要以平常心去对待。

对策三：熟悉考试及考场周围环境。这样便于放松心情，易进入状态。

5.注意劳逸结合

休息是为了更好地学习，因此一定要保证充足的睡眠，不要开夜车。

要注意调节,学会适当放松,适当锻炼。

另外,平常我们还可以用一些放松技巧来放松自己的心情。常用的方法有以下几点。

(1)深呼吸法。有节奏地连续几次深呼吸,有助于平静心态。

(2)想象一些平静祥和的美丽画面。例如,蓝蓝的天空飘着几朵白云,阳光温和而不刺眼;平静的大海,湛蓝的海面在微风吹拂下荡起细细的波纹;在一望无际的大沙漠中,自己骑着骆驼一步一步向前走,驼铃发出"叮当"的响声。

(3)放眼向窗外望去,能看多远看多远,尤其是多看一些绿色的树木。

其实,缓解和消除学习和考试焦虑的方法有很多,大家可以多多总结,选出适合自己的运用于实际学习中,使其为我所用,收到实际效果。

第五节 向困难说"我能行"

亲爱的少年:

在中国,有一句古老而深邃的谚语叫作"有志者事竟成"。决心去做一件事的人通常能够在意志的督促下,克服所有困难,最终获得成功。如果我们觉得有这个能力,不管前方是怎样的荆棘之路,我们也能克服各种困难,完成这件事情;如果我们决心要获得什么成就,不管面前有着怎么样的困难和艰辛,只要我们相信自己能行,就一定能获得这个成就。因此,坚定的决心通常带着万能的力量,带来胜利的果实。因此,当我们面对困难时,一定要对自己说——我能行。

深山里有两块石头，第一块石头对第二块石头说："去经一经路途的艰险坎坷和世事的磕磕碰碰吧，能够搏一搏，才不枉来此世一遭。"

第二块石头对此嗤之以鼻，说道："不，何苦呢，安坐高处一览众山小，周围花团锦簇，谁会那么愚蠢地在享乐和磨难之间选择后者，再说那路途的艰险磨难会让我粉身碎骨的！"

于是，第一块石头随山溪滚流而下，历尽了风雨和大自然的磨砺，它依然义无反顾执着地在自己的路途上奔波。第二块石头嘲讽地笑了，它在高山上享受着安逸和幸福，享受着周围花草簇拥的畅意抒怀，享受着盘古开天辟地时留下的那些美好的景观。

许多年以后，饱经风霜历尽沧桑风尘之千锤百炼的第一块石头和它的家族已经成了世间的珍品、石艺的奇葩，被千万人赞美称颂，享尽了人间的荣华。第二块石头知道后，有些悔不当初，现在它也想去投入到世间风尘的洗礼中，然后得到像第一块石头拥有的成功和高贵，可是一想到要经历那么多的坎坷和磨难，不但会伤痕累累，还有粉身碎骨的危险，便又退缩了。

一天，人们为了更好地珍存那石艺的奇葩，准备为它修建一座精美别致、气势雄伟的博物馆，建造材料全部用石头。于是，他们来到高山上，将第二块石头粉了身碎了骨，给第一块石头盖起了房子。

孩子们，困难和挫折可以磨炼人的意志，这对于我们的健康成长有深远的意义。而作为孩子的父母，也应该懂得这一点，要知道，总不让孩子去经风雨见世面，把孩子当作温室的花朵，不经历任何风雨和磨难，或不敢迎接困难的挑战，就不可能形成坚强的意志，而意志薄弱者很难成才。

人们常说："困难像弹簧，你弱它就强。"家长应鼓励孩子面对困难、不怕困难、克服困难，做生活的强者。有位教育家说过：如果孩子的生命是一把披荆斩棘的刀，那么挫折就是一块不可缺少的"砥石"，为了使孩子生

你在为谁学习

命的"刀刃"更锋利些，应该坚决摆脱"过分保护"的教育方式。

小强看到别的小朋友都会骑自行车，便对妈妈说也要学自行车。

妈妈郑重地告诉小强："那好呀，既然自己下决心学，那就一定要坚持学会才行。"

在得到小强的肯定答复后，妈妈就带小明去学骑自行车。

刚开始，小强怎么也骑不好，一定要让妈妈推着才行。后来妈妈把小强带到小朋友骑自行车的场地，让小强先观察其他小朋友怎样骑车。

看到别的小朋友骑得很轻松，小强也想试一试。可是，他骑上车后总是把握不住平衡，而且自行车怎么也不往前移动，急得小强直叫："妈妈，扶住我！"

妈妈说："你总是想着让我扶住你怎么行，你要学会自己把握住平衡，并且用力踩下脚蹬前行才行。"

没办法，小强只得用劲踩，自行车居然真的动了起来。但是，没过多久，自行车翻倒在地上，小强坐在地上大哭起来，而且疼痛让他不再想学骑自行车了。

妈妈严肃地告诉小强："你答应过妈妈，既然要学就一定要学会，不可以放弃！"

小强一看哭闹并没有让妈妈对他有半分心疼，没有办法，又重新站起来开始骑自行车。在经过几次摔倒后，小强终于慢慢地可以掌握住平衡，并让自行车平稳地前行了。

孩子在成长的过程中都会遇到困难和挫折，有的父母容不得孩子面前有任何一点的荆棘，总会想各种办法用镰刀把他们把前方的道路修理得宽大平坦。但是，父母的帮助看似帮孩子摆脱了困境，实际上却起到相反的作用。因为这样的做法不是在鼓励孩子去发现自己的能力，去运用自己的能力解决问题，而是在否定孩子自己的能力，使孩子失去了获得必要经验的机会，让孩子永远不能自己解救自己。

家长们，学会让孩子自己去面对困难吧！"这么点儿困难，有什么可怕的？相信你能应付过去的！"这是作为父母最应该告诉孩子的。"我行！我一定能行！"这也是作为孩子要时刻告诉自己的。遇到困难时要勇于面对，大胆解决，不要期待别人来帮助！

你在为谁学习

第四章 学习，源于自动自发

第一节 汗水比天赋更重要

亲爱的少年：

你知道吗？人的左脑以理性思维为主，主管思考，对数字、流程等较敏感；右脑以感性思维为主，对图像等较为敏感。因此，有人说右脑的思维是上天给予的，也就是天生的，而左脑的思维却是后天培养的。小孩在出生后，右脑的思维就已形成，左脑的思维却是一片空白，在受教育的过程中，才逐渐开发和形成了左脑的思维。也就是说，才能和技巧都是后天培养训练出来的。

"除了生命本身，没有任何才能不需要后天的锻炼。"这是美国著名的培训专家吉格·吉格勒说的一句名言。没有人能只依靠天分成功，上天给予了人们天分，但勤奋将天分变为天才。

在中国近代史上有一个风云人物叫曾国藩，他战功赫赫、声名远播，但他的天赋并不高。在他年轻的时候，有一天，曾国藩在家读书，一篇文章重复不知道多少遍了，还是背不下来。而这时在他的窗外却还有一个小偷，这个小偷在等待曾国藩看书犯困睡着后进去行窃，可是等啊等，就是不见他睡觉，还是翻来覆去地背那篇文章。小偷最终忍不住大怒，跳进房来说："这种水平还读什么书？"然后将那刚刚听到数遍的文章背诵一遍，扬长而去。曾国藩羞愧难当，但后来却更加勤奋了，终成一代人杰。

小偷很聪明，至少比曾国藩要聪明许多，但是他却只是一个小偷，而曾国藩经过自己的勤奋苦读，成就了自己的一番事业。毛泽东曾不无感慨地说："近人吾独服曾文正！"

古语云：勤能补拙是良训，一分辛苦一分才。在曾国藩家窗外的小偷很聪明，听几遍就能背诵下来一篇文章，而且他还很勇敢，做小偷的居然敢跳进房中指责屋主。可惜，他的天赋没有加上勤奋，变得不知所终。

著名数学家华罗庚就讲过这样的话："我读小学的时候，因为成绩不好，没有拿到毕业证书，只拿到了休业证书。在初中一年级时，我的数学也是经过补考才及格的。但是说来也怪，从初中二年级后，就发生了一个根本的转变。这就是因为我认识到了，既然我的资质差一些，就应该多用一些时间去学习。别人只学一个小时，我就学两个小时，这样数学成绩就不断提高了。"

伟大的成功和辛勤的劳动是成正比的，有一分劳动就有一分收获，日积月累，从少到多，奇迹就可以创造出来。对一个人来说，才能的造就需要后天的勤奋学习。

天赋差一些的人，只要具有坚强的意志，经过勤奋刻苦的努力也能够得到充分的发展。国内外不少科学家、艺术家小时候所表现出的天赋条件并不好，但是，由于自己艰苦奋斗，勤奋好学，终于成为著名的科学家和艺术家，为人类的科学和艺术做出了重大的贡献。

你在为谁学习

爱因斯坦在总结自己成功的经验时说:"在天才和勤奋之间,我毫不迟疑地选择勤奋,她几乎是世界上一切成就的助产婆。"勤奋代表着一种长久的耐性,久而久之形成一种规律。每天几乎一样,按部就班,长久地坚持,这就是一种勤奋。

第二节 决心成为优秀的人

亲爱的少年:

你们听过一位西方哲学家说过这样的一句话吗?一个人的成就,决定于一个人的思想和幻想的能力。假如当你幻想成为一个千万富翁时,你最多会成为千万富翁,决不会成为一个亿万富翁,因为你的能力,仅止于千万的幻想罢了。当然除了幻想之外,你一定要配上努力的行动,否则,天上是不会掉下馅饼来的。

孩子,要记住,我们无论在学习上还是生活上,都要有自己的奋斗目标,都要有自己的人生目标,只有站在一定的高度上,奋力追求,你才会到达你所向往的终点。

20世纪30年代,有一个叫玛格丽特的小姑娘出生在英国一个名不见经传的小镇里,她从小受到严格的家庭教育。父亲常向她灌输的观念就是:无论做什么事情,一定要成为最优秀的那一个。父亲从来不允许她说"我不能"或者"太难了"之类的话。

这个要求对于年幼的孩子来说太高了,但在后来的人生当中,玛格丽特用行动证明了,这样的观念让她成为别人无法替代的一个人。

第二篇 最可贵的学习精神

玛格丽特不管在学习、生活还是工作中，都时刻牢记父亲的教导，抱着一往无前的精神和必胜的信念，尽自己最大的努力克服一切困难，做好每一件事情，事事必争一流，以自己的行动实践着"决心做最优秀的人"的誓言。

玛格丽特上大学时，学校要求每个学生要用5年时间来学习拉丁文课程。她凭着自己顽强的毅力和拼搏的精神，硬是在一年内全部学完了。令人难以置信的是，她的考试成绩也名列前茅。玛格丽特不单是学业上出类拔萃，在体育、音乐、演讲及学校的其他活动方面也都一直走在前列，是学生中的佼佼者。当年她所在学校的校长评价她说："她无疑是建校以来最优秀的学生，她总是雄心勃勃，每件事情都做得很出色。"

正因为如此，40多年后，英国乃至整个欧洲出现了一颗耀眼的明星，她就是连续四届当选为英国保守党领袖，并于1979年成为英国第一位女首相，雄据政坛长达11年之久，被世界政坛誉为"铁娘子"的玛格丽特·撒切尔夫人。

"决心成为最优秀的人"是一种积极向上的学习态度，是一种一往无前的勇气和争创一流的精神。无论是过去还是现在，它使许多成功人士在工作中充满活力，他们以罕见的激情投入工作，为自己执着追求的事业献身。他们每件事情都积极面对，做到最好。

"决心成为优秀的人"是一种积极的生活态度，而生活态度是人格的温度控制器，其好坏足以影响人生的成败。积极的人生态度，是迈向美满成功的跳板。人生的方向是由"态度"来决定的，其好坏足以左右我们人生的优劣。

孩子，记住，积极的人生态度是成功的催化剂，它使人格变得温暖活泼，富有弹性；使人充满进取精神，充满冲劲和抱负，即使遭遇困难，也可以获得帮助，事事顺心。相反，消极的、冷漠的人生态度则会使人格变得萎靡、阴郁、懒惰，使人以为周围处处都是障碍，都是不友好的眼光，最终使自己遭遇失败。因此，你们在今后的学习或工作当中，一定要下定决心，成为一个优秀的人。

第三节 "点燃"对学习的热情

亲爱的少年：

你们知道西点军校吗？这所学校培养了很多美国名将。西点军校前校长米尔斯曾说："每个人所受教育的精华部分，就是他自己教给自己的东西。"在学校获取的教育只是一个开端，学校主要是学习的，其作用主要在于训练思维并使学生适应以后的学习和应用。通常来说，别人教授我们所获得的知识远远没有通过自身的努力所获得的知识而让我们更加印象深刻。靠自己劳动所得知识将会是完全属于自身的财富。它更为活泼生动，持久不衰，永驻心田，而这恰恰是仅靠被动接受别人的教授所无法企及的。

而如何自学，如何能够燃烧起对学习的热情，这可能是每个学生都头疼的事情。很多人在年轻的时候其实也是很不喜欢学习，但现在有一个热爱学习的办法，那就是兴趣。兴趣是学习的必备条件，它常常可以把非常枯燥的课程内容变成活泼、有趣的东西。有人说："学习的内容永远也不应当作为僵死的东西去消极地或机械地接受。这种僵死的知识只会使人的头脑变得呆板起来。相反，学习的内容应当通过兴趣使之成为大脑的一部分，这会使大脑得到进一步的强化，就像扔进火炉中的木头，这块木头也会成为火焰，使炉火更旺。"

孩子们，你们知道达尔文吗？达尔文从小就对大自然产生了浓厚的兴趣，这种兴趣给了他去探寻大自然奥秘极大的动力。他认真地到郊外去观察各种动植物，然后做成标本。达尔文中学毕业后，没能选择自己喜欢的科目，而是应父亲的要求去了爱丁堡大学学医，但因为医学非他所爱，所以他中断了学业，又去了剑桥大学学习神学。但达尔文仍然把大量的时间和精力花在了阅读生物学书籍和采集动植物标本上。

他曾在自传中回忆说："在剑桥的时候，没有一项工作比收集甲虫使我更为热心，更感兴趣了。"后来，也正是这种对生物学的强烈兴趣驱使他在1883年登上"贝格尔"号军舰，开始了举世闻名的环球考察，最终出版了他的巨著《物种起源》。从这里，我们可以看出，达尔文所取得的成就与他对生物学的浓厚兴趣是分不开的。

兴趣在学习中起着至关重要的作用，有了兴趣，学习才不会成为我们的沉重负担，我们反而会愉快、主动地投入学习之中去。

科学巨匠爱因斯坦说过，兴趣是学习的老师。多少年来我们也一直在探讨着这个话题，孩子的成长需要兴趣的培养，只有对某件事产生了浓厚的兴趣，才能坚持去做，最终成为自己的爱好，并伴其一生。

孩子们，你们肯定知道周杰伦吧。他在小学的时候便流露出了对音乐特有的感觉和天赋，他很喜欢弹钢琴，喜欢一个人安静地听音乐。

高中毕业后，周杰伦在一家餐厅做服务员，每个月拿着400元的工资。他这些钱除了补贴家用外，剩余的都用来买音乐卡带。除此以外，他还经常自己一个人静静地听音乐，并尝试着自己创作。有一次，他在餐厅里弹钢琴，被老板看到，就提升他做了餐厅的钢琴师。

是金子就总会闪光的，当时台湾的著名主持人吴宗宪发现了他，让周杰伦到自己的音乐公司去做制作助理。所谓助理，也就是沏茶倒水加跑腿的工作，但这在周杰伦看来是他实现梦想的一个很好的开始。他一有时间，就向其他人请教音乐方面的事，这样的热忱打动了吴宗宪。吴宗宪把这个勤勤恳恳的小伙子提升为音乐制作人，以后每天早上，他都把写好的歌整齐地放在吴宗宪的办公桌上。

但这也并非代表着成功的开始。他虽然给很多人写过歌，但被使用的寥寥无几。他给歌手刘德华创作的歌，刘德华看都没看便扔在一边，而量身为歌手张惠妹打造的歌曲——《双截棍》也没有被使用。在周杰伦屡受打击，有些意志消沉的时候，吴宗宪给了他最后一次机会，要他在10天之内写好50首歌，在其中选出10首给他出专辑。周杰伦二话没说答应下来，每天不分昼夜地创作。果然，功夫不负有心人，他10天之内完成了任务，并顺利地发行了自己的第一张专辑《Jay周》。他也从此名声大震，而这时他只有19岁！

兴趣是吹动船帆的风，没有风帆船就不能行驶；兴趣是成功的动力，没有动力学习成绩就难有起色。美国著名作家爱默生说："有史以来，没有任何一项伟大的事业不是因为热忱而成功的。"成功的事业需要全身心地投入，而全身心地投入，则需要依靠发自内心的兴趣。对成功而言，兴趣和热忱是必不可少的。

所谓兴趣，是指一个人力求认识某种事物或爱好某种活动的心理倾向。这种心理倾向是和一定的情感联系着的。"我喜欢做什么？""我最擅长什么？"一个人如果能根据自己的爱好去选择事业的目标，他的主动性将会得到充分发挥。即使十分疲倦和辛劳，也总是兴致勃勃，心情愉快；即使困难重重，也绝不灰心丧气，而能想尽办法，百折不挠地克服它，甚至废寝忘食，如醉如痴。

作家斯贝克一开始并没有意识到自己会成为作家，曾几次改行。开始，因为他身高超过190厘米，爱上了篮球运动，成为市男子篮球队员。因为球技一般，年龄渐长，他又改行当了专业画家。他的画技也无过人之处。当他给报刊绘画时，偶尔也写点短文，最后终于发现自己的写作才能，从此走上了文学创作的道路。

如果你一时很难弄清楚自己的兴趣所在，就需要在实践中发现自己、认识自己，不断地了解自己能干什么，不能干什么，如此才能取之所长、避之所短，进而取得成功。

第四节 有了榜样就有了目标

亲爱的少年：

榜样就是学习、生活等各方面都非常出众的典型。我们在学习和生活中总是喜欢拿自己与优秀的人相比，希望自己能够像优秀的人一样。榜样的力量是无穷的，当我们有了榜样，就有了前进的目标，这使我们勇往直前。跟着榜样的脚步，我们分明能感觉到成功的气息。

在一个时期，鹰王被认为是世界上最有价值、尊严和权力的标志。它的形象被波斯、罗马等地的人当作自己的象征。

有一只高傲的鹰王，在它年老的时候，选择了最高峰作为住所，并在那里独居多年。一天，它感到死期将近，就把所有的孩子叫到自己身边。等它们聚齐了，鹰王看着它们说："我养育你们，目的是为了让你们从小就有能力看太阳，因此，你们有资格，也有能力比其他鸟类飞得更高。所有不愿意送死的鸟，从来不会靠近你们的巢。"孩子们恭恭敬敬地听着鹰王的教诲，不断地点着它们高傲的头颅。停了片刻，鹰王接着说："我绝不会死在巢里，我要飞向那辽阔的苍穹，飞到双翅能把我带到的高空，我要飞向那万能的太阳。假如能飞到那里，就让太阳的光焰焚烧我的羽毛，我再飞速地冲向地面，跃进大海。在大海中，我会神奇地复活和恢复青春，获得新生。这就是鹰的天性，这就是我们高贵的命运。"讲完之后，鹰王就开始飞行。它庄重、威严地先围绕孩子们居住的高峰飞了一圈。接着，它猛然向高空飞去，以便让太阳焚烧那一双疲劳的翅膀。

从鹰王那里，孩子们学到了宝贵的尊严。故事中的鹰王选择最高贵、最勇敢的方式结束自己的生命，它用自身的行动为后来的鹰树立一道丰碑，成为它们的楷模。

榜样有着巨大的作用。但在生活中，有些人并不适合作为榜样。因为在他们身上有优点，但也有很明显的缺点，特别是在某个时候，当缺点表现得更加突出的时候对孩子的影响可能十分不好。因此，父母为孩子找一个合适的榜样就显得尤为重要。否则当孩子发现自己学习的对象竟然有那么多的缺点的时候，幼小的心灵会受到极大的伤害，甚至会影响到他们世界观的形成。

榜样的力量是无穷的。对青少年来说这一点更为重要，孩子的年龄越小，榜样的感染力就越大。苏联的著名教育家马卡连柯曾经讲过："一个家长对自己的要求，一个家长对自己家庭的尊重，一个家长对自己每一行为举止的注重，就是对子女最首要的、也是最重要的教育方法。"因为孩子出生以后，首先接触的就是父母及其他家庭成员，其最初形成的行为习惯几乎都是从模仿家长而来的。因此，家长要特别重视榜样对孩子的巨大影响作用，时时处处给孩子树立好榜样。

美国波士顿大学青少年教育专家曾考察了伊利诺伊州81名优秀学生的生活和学习，并采访了他们的家长。在后来发表的一份研究报告中，专家们指出优秀学生都毫无例外地把学校当作生活中心，其家长也往往十分勤奋，为自己孩子树立了好榜样。16岁的约翰逊·帕里斯即是其中的一个典型例子。他父母都是外来移民，父亲通过艰苦奋斗终于逐步创立了自己的房地产公司，而母亲是一名普通秘书，尽管家务忙，却一向忠于职守，十几年来几乎从未请过一天假。从父母那儿，小帕里斯学到了坚韧不拔、不屈不挠的精神。老师们都认为小帕里斯是学校最优秀的学生，他不仅担任了学校的数学、化学竞赛队队长，而且还是校运动队骨干成员。

同样，在日常的具体生活中，家长要时时严格要求自己，事事起模范带头作用。要求孩子做到的，家长首先要做到：要求孩子好好学习，做一名好学生，家长首先要在本职岗位上兢兢业业，做出一番成绩来；要求孩子在思想品德上和同学团结友爱，互相帮助，家长自己首先要与邻里和睦相处，友好往来，不在一些鸡毛蒜皮的小事上斤斤计较，不占小便宜，公正无私。如果家长能始终如一地这样严于律己，就会给孩子以耳濡目染、潜移默化的影响，也就会赢得孩子的信赖与尊敬，因为家长本身的言行就是一种实实在在的巨大的教育力量。

第五节 学习，为了心中的理想

亲爱的少年：

俄国文学家托尔斯泰曾告诉我们："理想是指路明灯。没有理想，就没有方向，而没有方向，就没有生活。"一个人若立下雄心壮志，则拥有了希望和理想，有了奔向美好人生的动力。拥有动力，才能百折不挠不断奋斗，一步一步迈向成功。

有理想的人，意志就会朝某个方向高度集中，自己的每一步都会朝着这个方向努力，这尤为重要。

你在为谁学习

中国近代著名数学家杨乐小时候就爱好数学，可他发现，所有的数学定理和公式都是用外国人的名字命名的，于是他立志一定要让数学定理也有用中国人的名字来命名的。就是这个愿望驱使他不断地努力学习，经过长期艰苦的奋斗，在1973年，他与同学张广厚合作写出的论文，受到国内外学者的高度赞扬。我国著名数学家周伯壎教授认为："杨乐在函数论上的成就，某种意义上比陈景润解决哥德巴赫猜想这一步还要重大。他开辟了数学研究的一个新方向。"人们在杨乐发现的数学定理前面冠上他的姓氏，以表示对他的肯定。杨乐终于实现了他"用中国人的名字命名定理"的崇高理想。

理想具有一种非凡的魅力。理想包含了对信仰的追求，是志气和自信力，是克服一切困难的前提。成功的人，眼里只有成功后的奖赏，只有理想实现后的满足，因此他对任何困难都无所畏惧。

丹尼尔·伦丁是一位非常优秀的足球教练。伦丁在伊利诺伊州乔列特长大，从小就耳闻圣玛丽大学的神奇传说，梦想有一天去那儿的绿茵场踢足球。朋友们对他说，他的学习成绩不够好，又不是公认的体育好手，休要异想天开了。伦丁差一点因此抛弃了自己的梦想，但是做一个足球运动员的心思却在他的心里挥之不去。他一直为这个理想而努力着，1972年，他在读印第安纳州圣十字初级中学的时候，成为校橄榄球队"童子军队"的一员，但他却未被准许上场比赛，甚至连球衣也没让他穿上。第二年，在伦丁多次要求后，教练告诉他可以在该赛季的最后一场穿上球衣。在那场比赛中，他身着球衣在圣玛丽校队的替补队员席就座。也许是他的这种对于理想的追求精神感染了他的同学，看台上的一个学生呐喊道："我们要伦丁！"其他学生很快一起叫喊起来。在比赛结束前27秒钟时，伦丁终于被派到场上，进行最后一次拼抢，苍天不负有心人，他终于抢到了那个球，并且一气呵成，破门成功。教练既惊又喜，从此加强了对他的培训，他的生涯自此峰回路转，一步步逼近他理想的殿堂。

理想作为一种价值目标，能够激发人的意志和激情，产生一种强大的精神动力，也是人生前进的目标和灯塔，是鼓舞人们去努力拼搏的动力。

一个不知道自己要做什么的人，很难做好事情；一个没有理想和志向的人，也很难过好他的人生。要想成就你的一生，就要树立远大的理想，发掘自己的才能，为了这个伟大的志向而努力。

理想是自己的，不是父母强加给你的。如果你现在还没有考虑过自己这一生要做什么，那么你该想一下了。只要心中有一个伟大的正确的理想，就会有一个奋斗目标，也就有了学习的方向，也就有了克服困难的决心和信心。如果没有理想，你就会裹足不前，或者漫无目标地游荡，最终成为一个碌碌无为的人。

第六节 学习，要有自强不息的信念

亲爱的少年：

在人的一生中，任何人都难以躲过苦难。如果在该吃苦的时候不去吃苦，那么到了不必吃苦的时候一定会吃苦。不怕吃苦，吃苦一阵子；害怕吃苦，吃苦一辈子。现在的学生们，什么都不缺，缺的就是吃苦精神和自强不息的信念。物质享受多了，就会缺少精神钙质。导致这样的原因很多，其中关键因素之一是家庭教育。

世界上最可怜可悲的人，不是缺衣少食的乞丐，而是整日只知享受、

> 你在为谁 学习

醉生梦死的人。从物质层面看，他们是富翁；但从精神层面看，他们是乞丐。

生长在富裕家庭，本身不是坏事，但如果把握不好，就可能变成坏事了。少年时代不经历艰难困苦是一个人最大的不幸。一个人只有享受，没有追求和奋斗，他的人生阅历就会肤浅，他的生命历程就会平淡。没有波浪的江河是不壮观的，没有奋斗的人生是不完美的。

在母亲的眼里，跳水运动员吴敏霞是个乖巧听话的孩子，女儿的自强是父母最感欣慰的。由于努力好强，吴敏霞9岁进入上海市跳水队，13岁入选国家队，18岁就在国内外各种比赛中获得奖牌37枚。但这样的自强精神，有的时候却让母亲心疼不已。在她刚开始练跳水时，"吃大板"是平常事。有一天母亲看到女儿大腿上一大片乌青，皮肤像烂铅皮似的，问："腿上怎么了？"吴敏霞连忙用裙子遮住，连说："没啥、没啥。"最严重的一次是在她12岁那年在训练中受伤。当时被医生误诊为伤筋，队医不断给她按摩，但是一个星期都不见好转，再去检查，原来是骨裂，这使她不得不放弃了十米跳台，只能回家静养。但不久后的吴敏霞以顽强的毅力战胜了伤痛，又重返跳台，并逐步走向体育明星之路。

自强不息的精神是中华民族优良的传统美德。早在我国周代典籍《易经》中就讲道："天行健，君子以自强不息。"我们的祖先历来强调，凡是有志气、有道德、有本领的人，必定是自强不息的人。

那么，如何培养自己的自强精神呢？

首先，树立奋斗目标。没目标就没奔头。

每个人情况不同，目标要切合实际，不能定得太高，应让自己"跳一跳，够得着"。如果定得太高，总也达不到，自己会失去信心。如果本身问题较多，目标就要具体，内容要少一点，不能一下子贪多，多了达不到，就难以建立自信。每达到一个小的目标，就要及时进行自我肯定，就能增加一分自信，增添一点自强精神。

其次，每个人都有成功的动机，问题再多的人，也渴望有成功的机会，品尝成功的喜悦。

在定出了具体奋斗目标时，还必须有达到目标的具体措施，比如可行的学习计划，劳动计划，具体内容要求，检查办法等。要有自己明确的任务和责任。成功由小到大，在于点滴积累。在追求成功过程中，遇到困难要敢于面对，勇于征服，这是培养自强精神的关键。

最后，缺乏自强精神的人，会越被责备越没信心，严重的会自暴自弃。要转换思维方式，从寻找缺点变为寻找优点，从否定评价变为肯定评价。

你在为谁学习

第五章 学习，需要分秒必争

第一节 时间长短决定生命长短

亲爱的少年：

生命是由时间组成的，时间的长短决定了生命的长短，时间的安排如何，决定了生命的价值与生存的意义。有人统计发现，我们平均每日可支配的自由时间只有68分钟，也就是说，我们平时很少有足够的可自由利用的时间。

要想赢取时间，首先要学会善用余暇与零碎时间。

三国时期的董遇是个大学问家，他要前去找他求学的人先"读书百遍"，认为这样才可能"其义自见"。当求学者抱怨说"没有时间"时，他回答说："当以'三余'，即'冬者岁之余，夜者日之余，阴雨者晴之余'也。"即要充分利用寒冬、深夜和雨天学习。

可见，在古代的人们就已经知道利用余暇时间来做学问了。

鲁迅先生曾说过："时间就像海绵里的水，只要愿挤，总还是有的。"实际上正是如此。有人这样算过一笔账：如果每天临睡前挤出15分钟看书，假如一个中等水平的读者读一本一般性的书，每分钟能读300字，一刻钟就能读4500字。一个月是12.6万字，1年的阅读量可以达到151.2万字。而一本书籍的纯字数从12万字到20万字不等，平均起来大约15万字。每天读一刻钟，一年就可以读10本书，这个数目是相当可观的，超过了全国人均年阅读量，而且这并不难以实现。

同样地，如果你觉得自己缺乏思考问题的空闲时间，不妨试着坚持每天睡前挤出10多分钟的时间，一旦形成了习惯，长期坚持下去就很容易了。

除了认真用好余暇时间之外，我们还应该学会善用零碎时间。比如在车上时，在等待时，可用于学习，用于思考，用于简短地计划下一个行动，等等。把零碎时间用来从事零碎的工作，从而最大限度地提高工作效率。充分利用零碎时间，短期内也许没有什么明显的感觉，但积年累月，将会有惊人的成效。

为后世留下诸多锦绣文章的宋代文学家欧阳修说："余平生所做文章，多在三上：马上、枕上、厕上。"看来，零碎的时间实在可以成就大事业。没有利用不了的时间，只有自己不利用的时间。

莫泊桑告诉我们说："世界上真不知有多少可以建功立业的人，只因为把难得的时间轻轻放过而默默无闻。"

我们常常这样说，"噢，只有5~10分钟就要开饭了，什么事都干不了了。"但实际上，有多少身处逆境的人，充分利用了这些被我们许多人轻易浪费的时间，从而为自己建立了人生和事业的丰碑。那些被你虚度的时光，如果能够得到有效利用的话，完全有可能使你出类拔萃，成为杰出人物。

有着繁重家务负担的家庭主妇哈丽特·斯托夫人，就是在零碎时间下

你在为谁学习

完成了那部家喻户晓的名著——《汤姆叔叔的小屋》。类似的例子还有很多,美国诗人朗费罗每天利用等待咖啡煮熟的10分钟时间翻译《地狱》,他的这个习惯一直坚持了若干年,直到这部巨著的翻译工作完成为止。美国著名作家比彻在每天等待开饭的短暂时间里读完了历史学家弗劳德长达12卷的《英国史》。所有这些事例都告诉我们一个道理:要想学习成功,必须善用余暇与零碎时间。

  美国著名作家杰克·伦敦的房间里有一种独一无二的装饰品,那就是窗帘上、柜橱上、衣架上、床头上、镜子上、墙上……四处贴满了各色各样的小纸条。他非常喜爱这些纸条,几乎和它们形影不离。这些小纸条上面写满各种各样的文字:有美妙的词汇,有生动的比喻……睡觉前,他默念着贴在床头的小纸条;第二天一睡醒,他一边穿衣,一边读着墙上的小纸条;刮脸时,镜子上的小纸条为他提供了方便;在踱步、休息时,他可以到处找到启动创作灵感的词汇和资料。外出的时候,杰克·伦敦也不轻易放过一分一秒。出门时,他早已把小纸条装在衣袋里,随时都可以掏出来看一看,思考一下。

  我们也可以一边休息,一边学习,只要把学习的性质变动一下,就能轻易地做到这一点。
  疲劳常常只是因为厌倦,要消除这种疲劳,停止学习是不行的,必须变换内容。就像汽车的电瓶用完了,光是把电瓶拿出来是不够的,一定要把它拿去充电,得到新的能源,才能够再使用。

第二节 把精力集中到一个焦点上

亲爱的少年：

很多学生学习不够专注，他们的注意力往往会受到课堂以外的东西所影响，所以学习就会三心二意，很难一直专心学下去。实际上，这种习惯非常不好，对我们做成任何事情都会有不利的影响。全神贯注、专心不移的能力，常常可以使人取得成功。反过来说，不能保持专注，往往会功亏一篑。

苏联心理学家普拉托诺夫说过："要想使自己成为一个注意力很强的人，最好的方法是，无论干什么事，都不能漫不经心！"是否专心致志地做事，直接关系到一个人的某项工作或事业是否能够取得成功。当你对目标的追求成为执着的信念时，你会发现，你所有的行动都会带领你朝着这个目标迈进。

有两位学生跟着一位象棋大师学下棋。其中一位每一次上课时都全神贯注，一心一意地听着大师讲解棋道；而另一个学生虽然很聪明，但听课时总是心不在焉，而且他今天想学下棋，明天又想学画画，不时地有新想法冒出来。

有一天，在上课的时候，一群天鹅落在窗外花园中，那个专心的学生连头都没有抬一下，浑然不觉。而心不在焉的那位学生虽然看着也像是在那里听，但心里却想着去花园看天鹅，而且想着有一天要做一名出色的动物学家。

你在为谁学习

若干年后,那位不太聪明却专心致志的学生成了一名出色的棋手,而另一位呢,却一事无成。

太阳,对于地球来说,在没有任何介质的情况下,太阳只是普照大地而已。但是,如果用一把放大镜,将阳光聚焦于某一点,就可以引燃一根火柴。许许多多的事实告诉我们,专注是可以产生奇迹的。

有一位优秀的调音师,干这项工作已经几十年了。有一次,有人在观看他调音时发现了一件让人惊讶万分的事情。他调琴并不是像人们想象的那样,用手拨动琴弦,然后用耳朵去辨认音阶和音色,而是拨动琴弦后,用他的鼻子去闻,闻上几十秒钟,便可以清晰地校音了,就像特异功能似的。

有人问他这是怎么回事,他说,刚开始的时候,他也是用耳朵去听,静静地去辨认。后来,他每天在那样的认真重复和专注中渐渐发现,自己的嗅觉也具有了辨认音阶、音色的能力,而且是不知不觉中形成的,他自己也很奇怪。奇迹通常就在专注中发生了,甚至人的感觉也会转移。说是奇迹,其实就是人的潜能得到了发挥,在专注的前提下得到了发挥。

专注,是学生激发自己学习潜能的必要条件。专注的最高境界是痴迷,受到鼓励和训练的孩子让大脑进入了较深层次的兴奋状态,从而在发展这种兴趣中进入一种痴迷的忘我境界。一旦孩子养成了痴迷的习惯和个性,那么他的智力活动便进入了一个质的提高期,而这种痴迷的习惯也必将成为他日后学习和生活取得成就的重要因素。

一般情况下,对学习的迷失都是所要或所想的太多,而又一时达不到目标造成的。想法太多使很多人不能将精力专注于学习上,他们总是目标多多,结果错过了许多近在眼前的景色,丢掉了一些可以马上把握的学习机会。如果人无法专注，总是做着这件事，又想着那件事，就会什么都做不好。内心的挫折感不断加大，结果只能是脚步匆匆，再也没法宁静。

一个人的精力是有限的，把精力分散在好几件事情上，不是明智的选择，而是不切实际的考虑，在通常状况下，这样几件事情都不会做得很好。而如果每次专心地只做好一件事，精力便能够集中，也必定有所收益。等这件事做完后，再去做下一件事，这样每件事都能够做得很好了。

只要专注下来，一心一意地去学习，你就会变得快乐而又有成效，你也不会被那么多的目标所淹没。因为你不再有什么负担和压力，你是清醒的。清醒的你，是在你自己的轨道上运行。只有在自己轨道上运行的人，才不会受到外界的摆布。

有些人学习很容易全神贯注，废寝忘食，但有些人的专注精神则需要培养和锻炼，如果你自认为专注精神不够，那就应趁现在强迫自己专注——以认真负责的态度做任何事情！经过一段时间后，专注就会变成你的一种学习习惯！

只有学习专注的人，才能孜孜以求，不断进步。而如果你养成了一种马马虎虎、粗心大意的不良习惯，你的进步会相当有限，你的那种散漫的学习态度，也会影响你的未来。

人的精力和时间是有限的，集中精力于某一点，就容易把学习做好，如果把自己的精力分散到许多方面去，结果肯定不容乐观。

要想在学习中出人头地，就必须先摒弃一切足以浪费你的生命储能、空耗精力的东西。目不二视、耳不二听、手不二事，全神贯注于你追求的学习目标，你就一定能够达到目的。

做自己喜欢的事，并且意识到这件事情的重要性，那么你就要有一种专注的精神，对学习兢兢业业，一心一意地投入进去。

你在为谁学习

第三节 合理安排时间，统筹学习计划

亲爱的少年：

好的学习者能够有重点地进行系统学习，这就需要合理制订计划，科学安排时间。但很多学生就是糊里糊涂地过日子，摸摸这个，又碰碰那个，或者完全从一时兴趣出发，或者干脆将学习任务堆起来，一直拖到不得不完成时为止。

一个好的时间表可对学习做整体统筹，从而可以节约学习者的时间和精力，提高学习效率。一般的学习者常将时间浪费在做决定上，整日考虑学什么，什么时间学，要准备什么样的材料，难以迅速进入学习状态。一张好的时间表即可避免这些情况。并且，一张时间表可将日常学习细节变成习惯，使学习变得更为主动。此外，没有时间表的指导，你就极可能将应该认真学习的时间耗费在消遣上，如看电视、翻杂志、喝茶和闲聊，等等。

时间表的益处还在于，它能够帮助学习者将各项学习活动的活动规律和学习时间完美结合起来。

法国作家巴尔扎克在20年的写作生涯中，写出了90多部作品，塑造了2000多个不同类型的人物形象，他的许多作品成了世界名著。

通常，巴尔扎克会从半夜到中午工作，然后又从中午校对样稿到下午4点钟，5点钟用餐。5：30才上床休息，而到半夜又起床工作。有时写得四肢麻木、双眼流泪，他就喝一杯咖啡，稍做歇息，又继续写。有时，他一天只睡三四个小时，他曾经一夜写完《鲁日里的秘

密》，三个通宵写好《老小姐》，三天写出《幻灭》的前50页。

有一次他连续写作十几个小时，实在困乏难耐，就跑到了朋友家，告诉朋友一个小时后叫醒他，然后立刻栽倒在沙发上睡着了。后来朋友希望他多睡一些时候，就晚了一会儿才叫醒他，他因此向朋友大发脾气。

巴尔扎克说过，写作是"一种累人的战斗"，就好像向堡垒冲击的士兵，精神一刻也不能放松。他的传记中记载："每三天，他的墨水瓶必得重新装满一次，并且得用掉10个笔头。"

像巴尔扎克这样珍惜时间的伟人比比皆是，如牛顿、居里、爱因斯坦、爱迪生等都是这样的。

一个好的学习者须经常问问自己：制订了学年的学习计划吗？有假期的功课表吗？编制了一门的功课表吗？每天要做什么事情，自己都很明确吗？制订学习计划时，你和父母或老师商量吗？你的睡觉、起床、运动、游玩等活动按时进行吗？你经常检查一天的时间利用效果吗？

如果你的回答都是肯定的，那么你的时间利用得很不错，你是一个计划性很强的学习者；反之，你就需要认真考虑该如何制订计划，安排时间。

根据时间尺度的不同，学习计划可分为以下三类。

第一类，阶段计划。

阶段计划即指学习者对一个时间阶段学习的大体安排。一个好的学习者应该有3～5年的时间安排，还应有学年计划和学期计划。阶段计划是整个学习过程中的一个个大大小小的标记。

制订阶段计划时，要根据个人情况来设计。在总体上，要尽可能想出所有有关的情况：所涉及的教学大纲的范围，需阅读和学习的各种教科书，要进行的各种实践活动，以及必须达到的其他要求等。对某些重要学习任务，要给自己规定出完成的日期，使你对自己某阶段的学习，心里有个较确定的蓝图。

详细地制订一个合适的阶段计划，可能首先需要具备几周的课程经验，当对各门课程有了大致了解后，就该认真制订阶段计划。这也是评价学习优劣的一个重要标准。阶段计划也并非铁板一块，不可改动，只是不要随意变动。

第二类，短期计划。

短期计划主要指周计划。短期计划中，学习者可以非常具体地设定自己的时间安排，它是一种操作性的计划。在一周内应读哪些书，做哪些作业等，都排妥当。计划制订好后，须严格执行，只有这样，才能得到预期效果。

每天把要做的事情排列出来，这样目标明确，就会有效地支配时间，工作效率就会更高。正如智利作曲家索罗所说的："光是忙忙碌碌是不够的，问题是忙些什么。"只有知道"忙些什么"，才能把所要做的事做好。

可以将一周的学习内容制订出计划，并详细标明完成时间，然后做成表格，贴在书房的墙上。此举的确有刺激努力奋发的作用。但如果在实行计划的中途用掉一天的时间去游玩，计划就会有误差，所以有制订计划的必要。相反，假如为了苛求自己和计划配合而执行得过分执着，不知变通的话，则会被计划紧紧束缚住，而无法喘息，其结果无疑是给自己找麻烦，最后很可能导致"计划偏执"的不正常心理。

那么，到底该怎样制订适合于自己的学习计划呢？无论是短期还是阶段计划，最重要的是量力而行，也就是说要考虑到自身的学习能力。

有一位时间管理专家曾说过："将生活组织化、合理化，并非用长期目标来达到，而是制订一天内可行的计划。"他提供的建议是，先准备一本计划簿，放在固定的位置上，以便于取用。

每天一开始，或前一天晚上，将当天或翌日要完成的学习任务，按照项目逐次记下，等完毕后加以核对，假若某些项目没有完成，则写在第二天的计划表的首位。如此将一天的时间进行适当的管理。当按照计划全部完成时，则是计划成功的第一步。

第三类，即时计划。

即时计划主要指当日计划，它是对现实时间的安排。俄国诗人普希金曾说："要完全控制一天的时间，因为脑力劳动是离不开秩序的。"制订即时计划，须针对自己的特点，做出切合实际的安排，以清楚地知道在一个相当短的时间内要做什么事情，使自己有条不紊地学习。

制订各种学习计划时，一定要充分考虑个人本身的特点，科学安排时间。制订计划要适度，既要起到约束和督促作用，又不能完全把自己捆绑住，这样才能提高效率。而且，有时也不一定非按计划进行不可。例如，当学习的士气正高昂时，可打破计划适当延长学习时间，推进进度。不一定要呆板地遵守计划，要学会运用自如。在时退时进之中，才能摸索出适合自己的最佳学习方法。

第四节 抓紧点滴时间，人生才有价值

亲爱的少年：

有一位著名的生物学家，他在上学的时候特别珍视时间。正是因为他总是利用一切可以利用的时间去刻苦学习，所以最终他走上了成功之路。

这位生物学家自小就爱学习，但因为家庭贫困，他的大部分时间都在帮家里种地，只是在农闲的时候才跟父亲认了一些字。17岁的时候，他才好不容易考进了一所师范学校的预科班，对于这次来之不易

你在为谁学习

的学习机会,他特别珍惜。可是,这所学校里所学的数学、物理、化学和英语,他在以前根本没有学过,所以他学习起来特别吃力。

因为从小就营养不良,他的个头比其他同学要矮,穿着也比较土气,所以在学校里没人肯搭理这个来自穷山村的孩子。一次,他刚走出教室,就听见有几个同学在议论自己,其中一个人很不屑地说:"我敢说,他在这儿不出三个月,就得回家去种地!"这句话像钢针一样,刺痛了他的心。于是,他学习更加刻苦了。

可是他的基础毕竟太差了,在第一学期期末考试结束的时候,他的平均分数只有35分。按照学校的规定,平均成绩不及格的人,只有两条路:退学或留级。退学是肯定不可能的,留级呢?他也不甘心,因为他现在就比同班同学大三四岁。

他鼓起勇气去找老师,老师摇着头说:"这是学校里的规定,不可以改变。"他又硬着头皮去恳求校长:"校长,您就让我跟着上吧,我一定会赶上去的,我向您保证。"在他的苦苦哀求下,校长终于松了口:"好吧,那你就试试,不过半年以后你必须出成绩。"

没等校长说完,他就激动地抢着说:"校长,您放心吧,我一定会取得好成绩的。"他发现早上头脑比较清醒,记单词的效果比任何时候都好。所以从那天开始,他每天早晨五点钟准时起床,在幽静昏黄的路灯下,认真地阅读着英语教材,苦苦地背诵着像天书一样的英语单词。

学校规定,每天晚上九点半钟的时候必须熄灯。为了抓紧时间学习,他总是等其他同学睡下后,又拿起书本和笔记,悄悄地溜到路灯下,温习当天所学的功课。

过了不久,校长就知道了这件事情,把他叫到办公室,训斥道"你不想要命了?不好好休息,怎么能提高学习效率呢?以后一定不要再违反学校的作息制度!"

他说:"老师,对我来说,现在再也没有什么东西比时间更重要了，我要抓紧时间学习。因为我只有这一次机会了，如果赶不上，我就只能退学。老师，我在家吃苦已经吃惯了，身体能吃得消，您就让我学习吧。"

校长听了，心里十分佩服：这孩子真有骨气。就这样，在校长默许下，他依旧每天早晚都在路灯下看书学习。有了充裕的学习时间，他的学习成绩突飞猛进。在第二学期的考试成绩出来的时候，他的平均分数超过了70分，而且几何还得了满分。这件事情使他悟出了一个道理：别人能办到的事，自己也一样能够办到，只要自己足够努力，能够坚持不懈地利用一切可以利用的时间，自己就会取得优秀的成绩。在这个世界上，根本没有天才，天才都是用勤奋换来的。

这个勤奋的孩子就是我国著名的生物学家童第周。

后来，童第周又以优异的成绩留学比利时，致力于实验胚胎学的研究，并在留学期间取得了累累硕果，最终成为世界知名的生物学家，并为我国的细胞遗传学发展做出了巨大贡献。

青少年正处在人生最宝贵的青春年华，要学会懂得青春的价值、光阴的宝贵、生命的重要，懂得只有珍惜今天的分分秒秒，才会有明天的美好。我们应该紧紧把握住青春的美好时光，在知识的海洋里乘风破浪、扬帆奋进，尽情地领略青春岁月的无限风光。

人的生命就是由时间构成的，人的一切活动都要以付出时间为代价。学习知识也是一样，只有抓紧点滴时间勤奋苦学，才能使自己的人生更有价值。

人的生命是短暂的，人生的青春年华更是短暂。要珍惜生命，要掌握知识，要创造成功，要实现我们的人生理想、人生价值，就一定要十分地珍惜时间，有效地、科学地利用时间。只有善于科学地利用时间的人，才能成为一个有作为的人，才会使自己的生命发出闪光。

生命在时间的流动中，只是一个被不停缩减直至终结的过程。每日

你在为谁**学习**

每夜，每分每秒，都是岁月的篇章。人生的日历翻过去，就会成为逝去的记忆。

尽管我们生活的这个世界有许多不公平，但至少有一点对每个人都是绝对公平的，即每天的时间。不管你富有还是贫穷，不管你身居高位还是出身低微，不管你一生成就大业还是碌碌无为，我们每天所拥有的时间都是一样的。失败者常常在浪费时间而被时间所遗忘。而那些成功者所具有的共性就是珍惜时间，从不虚度光阴，懂得在日常生活和工作中如何最大限度地利用有限的时间。莎士比亚说："时间是世人的君王，是世人的父母，也是世人的坟墓；它所给予世人的，只凭着自己的意志，而不是按照他们的要求。"时间是昂贵的，它推动着成功者走向辉煌，它驱使懒惰者走向失败，如果你想成为一个伟人，那么就做时间的主人。如果你是一个不思进取的人，那么时间已经为你准备了坟墓。

俗话说："一寸光阴一寸金。"正值黄金时期的青少年，更应该珍惜这鲜花般的年华，珍惜一分一秒的时间。时间就像是一只装满水的水桶，如果水桶的底部有一个小洞，水很快就会漏光，虽然它会流很长的时间，但这和我们直接把水倒掉的结果是一样的。因此，无论是在学习上，还是在日常生活中，都要学会珍惜点滴的时间。

生活中有很多零散的时间是大可利用的，如果你能化零为整，那你的工作和生活将会更加轻松。所谓零散时间，是指不构成连续的时间或一项事务与另一事务衔接时的空余时间。这样的时间往往被人们毫不在乎地忽略过去。零散时间虽短，但日复一日地积累起来，其总和将是相当可观的。凡在事业上有所成就的人，几乎都是能有效地利用零散时间的人。

生物学家达尔文说过："我从来不认为半小时是微不足道的一段时间。"诺贝尔奖奖金获得者雷曼的体会更加深刻，他说："即使只有五六分钟时间，如果利用起来，也一样可以产生很大的价值。"把时间积零为整，精心使用，这正是古今中外很多科学家取得辉煌成就的妙招之一，很值得我们学习和借鉴。

第五节 持之以恒，学有所成

亲爱的少年：

你知道吗，成功者与失败者的区别仅仅是在于，失败者走到第九十九步就放弃了，而成功者一直坚持到了最后，迈出了最后那一步，即第一百步。失败者跌倒的次数比成功者多一次，成功者站起来的次数比失败者多一次。

不管成功者还是失败者都有自己的理想。只不过失败者只是一直在期望着那些希望得到的东西，而不付出百分之百的努力；而成功者则注重实效，当他们决心把自己的希望和抱负变成现实的时候，即使在重重摔倒之后，总是鼓励自己坚强地站起来，他们从来没有被暂时的挫折所击倒，而是勉励自己采取行动，向着目标奋勇攀登。

新东方学校的创办人和校长俞敏洪的独特经历，也许会给我们许多启示。

俞敏洪出生于江苏省一个普通农民家庭。他的母亲虽然不认字，但希望儿子将来能当老师。但是俞敏洪三年高考两次落榜，所幸第二次复读后，不负众望，考上北京大学西语系。

1984年，俞敏洪从北京大学毕业，留校做了英语教师。拿着120元月工资的他，在长达六七年的时间里依然默默无闻，甚至没有谈上一次恋爱。俞敏洪说，这是"对一个男人摧毁性的打击"。

此时，社会上已经掀起学英语的热潮。看着同学们纷纷出国，俞敏洪也把出国当成了目标。于是，他一边在北大教书，一边向美国各

你在为谁学习

大学申请奖学金。可是连考了三年，才有一所二流大学答应给他提供3/4的奖学金。但剩余的1/4的学费（相当于4万元人民币），要靠他120元的月薪支付，这是一个难以想象的沉重负担（那时的4万元可以说相当于现在的40万元）。

为了能赚取这4万元学费，俞敏洪只好在校外北京中关村一带的民办外语培训机构教课。没想到，这种行为被北京大学发现后毫不客气地进行了通报批评。在颜面尽失之下，他愤而辞职，离开了北大，开始了自己的个体户时代。

1993年11月，俞敏洪拿到了办学执照，在四面漏风的违章建筑里，开始了新东方艰难的创业历程。俞敏洪至今都难忘创业之初新东方的"落魄"景象：中关村二小的一个平房里只有一张桌子、一把椅子，以及冬天小广告还未刷完就结冰的胶水桶。那个冬天，他亲自拎着糨糊桶，骑着自行车穿行在中关村的大街小巷，在零下十几度的冬夜去贴广告，在严寒的夜晚，往往是广告还没贴上去，糨糊就冻成冰了。

曲折的经历使俞敏洪具备了忍受孤独、忍受失败和忍受屈辱三种能力，也形成了他著名的"揉面定律"："人刚开始没有任何社会经验，也没有任何痛苦，就像一堆面粉，手一拍，它就散了。可是你给面加点水，不断揉搓，它就有可能成为你需要的形状——虽然它还是面，却不会轻而易举地折断。不断被社会各种各样的苦难所搓搓，揉到最后，结果是你变得越来越有韧性。"

正是凭着这种坚韧不拔的毅力，新东方开始急速发展，除了托福、GRE（美国研究生入学考试）培训之外，还开辟了出国咨询、口语培训、大学英语培训等业务，并逐渐完成了从手工作坊向现代化公司转变的过程。目前在海外各大名校就读的中国留学生中，有70%的学生在新东方培训过。

俄国化学家门捷列夫说过："平静的湖水练不出精悍的水手，安逸的环境造不出时代的伟人。"也许我们无法成为伟人，但是生活的苦难却让我们告别平庸。如果你是一位强者，如果你有足够的勇气和毅力，要有永不放弃的决心，这些都会让你更强大。

我们是否想过：为什么车子的轮胎能经得起长途辗磨？那是因为它有弹性。开始人们设计出很硬的抗震车胎，但用不了多久，就被震得七零八落。后来造出有弹力的防震车胎，这才经得住磨损。如果我们也能像轮胎一样，那我们也会生活得稳定和长久。

在美国一所大学进行过一项很有意思的实验。试验人员用很多铁圈将一个小南瓜整个箍住，以观察当南瓜逐渐地长大时，受到这个铁圈的压力有多大。最初他们估计南瓜最大能够承受大约500磅（1磅约等于454克）的压力。

在实验的第一个月，南瓜承受了500磅的压力；实验到第二个月时，这个南瓜承受了1500磅每平方英寸（约合10.34兆帕）的压力，当它承受到2000磅每平方英寸（约合13.79兆帕）的压力时，研究人员必须对铁圈加固，以免南瓜将铁圈撑开。

最后当研究结束时，整个南瓜承受了超过5000磅每平方英寸（约合34.48兆帕）的压力后，瓜皮才破裂。

他们打开南瓜，发现它已经无法再食用，因为它的中间充满了坚韧牢固的层层纤维。为了吸收充分的养分，从而突破限制它成长的铁圈，它的根部甚至延展超过八万英尺（约2.4万米），所有的根往不同的方向全方位地伸展，最后这个南瓜的根甚至独占了整个花园的土壤与资源。

或许我们对坚强根本就没什么概念，南瓜在生长过程中能够承受如此巨大的外力，那么人类在相同的环境下又能够承受多少的压力？

你在为谁学习

阿里巴巴创始人马云曾说过："每次打击，只要你扛过来了，就会变得更加坚强。我又想，通常期望越高，失望越大，所以我总是想明天肯定会倒霉，一定会有更倒霉的事情发生，那么明天真的有打击来了，我就不会害怕了。你除了重重地打击我，又能怎样？来吧，我都扛得住。抗打击能力强了，真正的信心也就有了。"

生命的苦难是我们人生中的一种受用不尽的财富。只要我们学会承受生命中的苦难，就可以在心中时时涌起"长风破浪会有时，直挂云帆济沧海"的凌云壮志、万丈豪气，就可以用坚强的毅力、非凡的气度、宽阔的胸怀去迎接生活中的狂风巨浪，承受人生旅途中的磨难挫折，承受生命之中一切的馈赠。

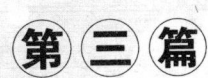

第三篇
学习有用的知识

有些事物披着"知识"的迷人外衣,诱惑我们把精力投向它们。当时光倏然流逝,我们却发现所学无用,追悔莫及。与其这样,不如从现在开始,就把有限的时间花在学习有益的知识上,学习最能够帮助自己在未来腾飞的知识。

第六章　莫被不良事情影响学习心情

第一节　远离网瘾

亲爱的少年：

我们先看几个关于网瘾的事例。

事例一：

15岁的王军（化名）已有四年的"网瘾"，经常几天几夜不吃不喝地玩游戏。四年来，他花在网络游戏上的钱近20万元。每次他向父母要钱，不给就揪着父母的头发打，甚至用刀砍伤父亲。现在，父母只好在外面租房子住。

事例二：

已有两年"网瘾"的孙鹏（化名）13岁迷上了网络游戏，整日整夜地"泡"在网吧里。去年春节前，他私自拿了2000元离家出走，在外地网吧过了一个星期，钱花光了才回家。

你在为谁学习

事例三：

江苏省某市一位14岁少女，因沉溺于网络游戏偷同学的钱被老师批评，心理扭曲的她于是仇恨老师，疯狂报复，用菜刀将老师活活砍死。

事例四：

天津市塘沽区一位13岁男孩，因沉迷网络游戏不能自拔，从24楼楼顶跳楼自尽，永远地离开了人世……

据中国青少年网络协会提供的数据，至2013年，城市里上网小学生比例为25.8%，初中生为30%，高中生为56%。据统计，患网络成瘾的青少年网民高达10%～15%，网络这把"双刃剑"正在无情地吞噬着青少年的身心健康。青少年由于特殊的人格特征和心理需求，从而成为网络成瘾的高发人群，越来越多的青少年对互联网产生依赖感，并达到成瘾的程度。

对于青少年朋友来讲，尽管网络有许许多多的优点，但是它又像一把双刃剑，使用不当可能就会对青少年的身心健康产生不利的影响。网瘾会导致青少年学生缺乏睡眠和体育锻炼，学习成绩下降，与朋友关系恶化，不参加团体活动等。患有"网瘾"的学生一旦成绩急剧下降，往往很容易逃学、退学甚至离家出走；如果流落到社会上，其命运更加难以预料。

网络是虚拟的，在互联网上人们无须对别人付出责任。网恋在青少年中已不再是稀奇的事，他们相互通过网上的几次聊天就可以见面，随之进入"恋爱"状态。在许多年轻的网络一族的心里，并没有为感情负责任的态度，其道德感、责任感正在慢慢淡化。

心理医生说，并非所有的人上网都会成瘾。上网往往与自身的某些心理原因有关，上网容易成瘾的，主要有几类人：性格内向，不善交友并希望得到重视，但又十分孤独的人；生活中受到某些挫折的人；不和谐家庭中的孩子；等等。其中，没有特长、学习成绩不突出、心情压抑，因环境变化导致成绩下降又难以适应的青少年学生最易上瘾，因为他们在现实生活中感觉到的不是成功，而是挫折和失败，所以就希望在网上得到安慰。

如今，电脑已走进了千家万户，要想让网络真正给我们的学习和生活带来帮助，而不是沉迷于网络，不可自拔，那么我们就必须要做到下面几点。

1. 为自己约法三章

第一要控制上网时间。每周最多三次，每次上网的时间不超过两小时，且连续操作一小时后应休息15分钟。尤其是夜晚上网时间不能过长，一定要按时睡觉。第二要限制上网内容。每次上网前，一定先明确上网的任务和目标，把要完成的具体任务和内容列在纸上，按需上网，不迷恋网上游戏，坚决不上不健康的网站。第三要准时下网。上网之前，限定上网时间，时间一到，马上下网，不找任何借口。

2. 警惕网络危险

根据已有的教训，网络上可能对意志薄弱的中小学生产生的主要危险有：色情网站、暴力和赌博性网站、虚拟游戏网络等。各种网上的行骗诱拐，很多青少年整天沉迷于这虚无缥缈的网络世界，从而形成了焦虑、失眠、强迫症和社交恐惧等症状。我们在上网前对网络的这些潜在危险要有个清醒的认识，在上网过程中随时提醒自己，自觉远离有害的网络。

3. 请人监督

寻求别人的支持和帮助非常必要，最好的办法是找到一个人帮助你克服这个问题。这种支持可来自同学、老师、朋友和家庭，可先向他们讲明自己上网的计划，请他们监督；当"网瘾"出现时，请他们及时提示，帮助克服。平时的活动，要多与学习上进的同学在一起，与他们一起上课，一起自习，一起交流，在他们的带动和帮助下，有助于你消除网瘾，把精力集中到学习上。当你取得一点小成功时，比如已经按计划实行一周，不妨对自己进行奖励或暗示，学会为自己加油。

4. 参加户外拓展活动

在户外活动游戏的互动性中，学习与他人合作、沟通、交流，使自

你在为谁学习

己走出网络社交圈，走出自我封闭。通过户外拓展活动训练，锻炼身体，接触大自然。在一系列的军训、踏青活动中，使自己勇敢坚强，在学习中认识并热爱大自然。呼吸大自然的新鲜空气，远离城市，远离网吧的污浊空气。

5.寻求专业人员的帮助

当你自己无法解决上网成瘾问题时，一定要积极主动地寻求专业人员的帮助。一是可以找心理咨询师进行个体咨询，心理咨询老师会帮助你走出上网成瘾的困惑。二是可以参加团体心理训练。团体训练是多种咨询理论的综合利用，通过丰富多彩的群体互动活动，对你产生感染、促进和推动作用，帮助你改变认知，改变心态，获得心理上的提升，同时学会制定自我管理的行为契约，根据目标行为完成与否进行正强化或负强化。参加团体心理训练对于预防或戒除网瘾会有显著的效果。

网瘾带来的危害已经超过毒瘾所带来的危害，因为它主要危害的是青少年。青少年是祖国明天的希望！远离网瘾，刻不容缓！

第二节 告别爱看电视的坏毛病

亲爱的少年：

我们在这里先看下面两个例子。

事例一：

小立妈妈下班回家，看见小立正坐在沙发上看电视，没有学习。她气不打一处来，上前就把电视机关了。小立全神贯注看得入了神，眼前白光闪过，没了声影，就从沙发上跳了起来，抢上前去，又把电视机打开了。他不眨眼睛地盯着电视机屏幕，身子往沙发里倒退着，脸上的表情随剧情变化着，丝毫没有注意妈妈愤怒的表情。"我对你说了多少次了，放学回来先写作业，你就知道看电视！"妈妈一下又把电视机关上了。"干什么？"小立又一次跳起来，打开电视机。妈妈提高嗓门："关了！我说你呢！你听见没有？"小立不理。妈妈急了，走过来"砰"地把电视机关了。小立一个箭步冲过去，把妈妈推倒在地……

事例二：

佳佳今年13岁，平时就是个电视迷，每周周末从学校回家，就会熟练地拿着遥控器，趁妈妈做饭之际，看上一个半小时的电视。晚饭后，通常还会看上一段时间卡通片才肯在妈妈的督促下洗澡睡觉。如果恰巧这一天爸爸妈妈没有时间带她出门，那么电视就几乎要从早上开到午睡之前。

事例中的现象是不是在我们身上也时有发生呢？电视在我国已经普及，无论对成年人还是对青少年，电视的影响是不可否认的，包括好的和坏的，特别是对青少年的影响更令人关注。适当地看电视可以增长我们的知识、提高我们的想象力、了解一些国家大事，等等。但是，如果长时间地看电视，沉迷于电视，它所带来的危害也是巨大的。

（一）长期沉迷于电视的危害

1.影响视力，损伤眼睛。

研究表明，如果青少年持续看五个小时左右的电视，那么视力可能暂时减退30%。如果青少年的视力受损，那么，对他将来的学习将会造成不可弥补的损失。

2.影响食欲，伤及肠胃

看电视时间如果太长，会影响人的食欲，同时还会影响肠胃的消化吸收。吃饭时，全身的血液都集中在肠胃消化系统，这时看电视，会使大量的血液流向大脑——这就会因肠胃部位血流量减少而使肠胃消化功能降低，甚至引起慢性胃肠疾病。

3.影响情绪，危及社交

英国一家健康研究中心发现：每天看电视超过三小时容易患电视综合征。

心理专家认为，长时间沉迷于电视会使人与人之间的交流减少，电视看得越多，与人交流就越少，就越不会与人交流，不知道和别人说什么、怎么说。时间长了就可能不会表达自己、不能体察人情世故，从而陷入一种"社交笨拙"，甚至陷入恶性循环，把自己逐渐封闭起来。长此以往，孤独感、压抑感、焦虑感就会多起来。

研究表明，一般而言，孩子成长到18岁时，就能从电视上看到20万起暴力行为，儿童受到的影响可想而知。而少年儿童一旦被有趣的内容吸引后，注意力就不易转移，难以自拔。由于不良电视剧的影响，中小学生中出现早恋、打架斗殴等现象与日俱增，青少年犯罪率也有所增长。

此外，越来越多的孩子对电视产生了依赖情绪，情况严重的孩子会出现时刻想看电视，一看就是几个小时的状况；性格孤僻，不关心周围的人和事；仅喜欢模仿电视中人物的动作、语言，特别是爱模仿武打、凶杀、妖魔等，甚至出现自言自语、一会儿唱、一会儿哭等现象。

4.影响运动，反应迟钝

好动是孩子的天性，如果整天待在电视机前，会减少孩子活动的兴趣和机会，影响他的身体健康。体育锻炼会促进孩子身体的生长发育，也会使孩子对外界充满敏锐的反应力，如果长期不活动，那么会使孩子的反应迟钝。

2005年，来自新西兰的一项最新研究报告指出，儿童和青少年时期每天看电视的时间超过两小时，易染上一些不良生活习惯，增加吸烟、身体超重、高胆固醇血症等危险因素，影响成人后的健康。

研究人员对1971至1973年间出生在新西兰达尼丁的1000多名儿童进行了研究，定时随访直至26岁。他们对随访记录做了科学研究，结果显示：儿童和青少年每天看电视超过两小时，与26岁时体重指数和胆固醇升高、吸烟者增多、心血管健康状况差等健康问题显著相关，但与血压无关。研究人员对这些研究对象在儿童时期可能产生混淆的因素进行校正后，上述相关性并无改变。

在所有调查的26岁成人中，17%的人吸烟、17%的人身体超重、15%的人血胆固醇升高、15%的人健康状况差等，这都是由于少儿时期每天看电视超过2小时而造成的。

（二）如何正确看电视

无节制地看电视居然有这么多的危害，那么我们又该如何正确地看电视呢？

1.控制看电视的时间

看电视的时间不能太长，特别是青少年，以一到两小时为宜。看电视时，眼睛要离电视机的距离不得少于两米，并有良好的坐姿。在观看过程中，要趁调换节目或放广告的间隙，闭上眼睛短暂休息，或向远处眺望一会儿，以免眼睛过度疲劳而影响视力。

为了保护视力，平时可多吃一些含维生素A的食物，如鸡蛋、猪肝等，或多吃些蔬菜和水果，如胡萝卜、橘子、豆芽等，对保护视力有一定的作用。

2.丰富电视节目

青少年大多喜欢看动画片，但如果只看动画片，就削弱了电视的教育功能。因此，我们要多角度地选择电视节目，有意识地培养自己对科学有益的电视节目的兴趣，比如《动物世界》、《探索发现》等，又比如各地风光片，可以开阔视野，了解各地的风土人情。或是中外名著，比如《红楼梦》、《水浒传》、《三国演义》、《简·爱》等。

3. 边看边读，做到兴趣迁移

许多动画片或著作都是根据同名书改编的，或是电视播出后就会有同名书上市，那么我们可以把对电视节目的喜爱延伸到阅读上，从而培养自己的阅读兴趣。

4. 加强体育锻炼

常言道"生命在于运动"，从胎儿在母腹中的蠕动，襁褓中婴儿常常手舞足蹈的举动，到幼儿的活泼好动，都表明运动是人的生长发育的需要。人体的生长发育有赖于身体不停地进行新陈代谢。而体育锻炼能提高新陈代谢水平，从而促进生长发育。例如，人们去登山、打篮球后，消耗大量的热量，需要补充，这时的食欲特别好，营养也容易消化、吸收，从而加强了人体新陈代谢作用。

第三节 莫让早恋拴住了学业

亲爱的少年：

中学生在经历了青春期的"生理大革命"后，伴随生理的性成熟，性意识也开始萌生。由于强烈的性好奇心和接触异性的欲望，男女中学生之间常常产生一种异常强烈的渴望与异性在一起的依依不舍之情，这就是中学生最初的爱情。然而年轻幼稚，各方面条件还不成熟，初恋表现出明显的幼稚性和冲动性。初恋给中学生带来的往往不是幸福和欢乐，而是痛苦和烦恼。

事例一：

小慧16岁那年离开父母到了卫校，开始独立生活。她初次在外生活,什么都不会,处处需要别人的照顾,这时,他出现了,温柔体贴,又不失男子汉的风度,两人的关系越来越好。

在一个晚上,他向小慧表白了,从此小慧的心就没平静过。整天胡思乱想,成绩越来越差,他很着急,让小慧定下心来,可小慧却无法控制自己。期末考试了,小慧万万没想到,她居然"挂了两盏红灯笼"。成绩一向很好的她落得如此地步,她后悔了。然而那颗少女的心却总是不能平静。一个寒假没过好,除了父母的责怪,还有自己内心的不安。新学期开始了,小慧打算抛开一切,认真学习,可没几天,与他的接触,又使她魂不守舍,没有心思学习了。

事例二:

"多年前,我与她是同班,她是班里气质最好的女生,文静中有几分成熟的美,她与我同桌,学习成绩也比我好,当我有不明白的问题,请教她时,她总是认真热情地解答,她的性格开朗,脸上总是挂着美丽的笑,她笑得很美,有时候,我会为她的笑容想入非非。也许是同桌,彼此交流得多了,也就产生了好感,于是,我主动地提出想与她交朋友。当时我们还是初中二年级的学生,'爱情'过早地闯入了我们的生活中。我们开始了'约会',放学后,我们会躲到河边的柳荫下,开心地聊些不着边际的话题。这样的日子过了一段后,我们的交往被同学发现了,很快全校老师和家长也都知道了。我们都很害怕,在别人眼里,我们是坏孩子,甚至是'下流'的人,其实,我们只是觉得在一起开心,没有什么事情发生,更不像别人想象的那样。

"由于学校和家里的压力加上社会舆论,我和她终于'分手'了,后来,我被父母送往外地的亲戚家读书,而她就从此没有了音讯。也许她已经成了那次'早恋'的牺牲品,我呢?"

在这些事例的文字间,他们虽然没有过多地描述自己内心的痛苦,但从他们的经历中,可以感受到中学生面对多方面的压力所承受的心灵重创。在这个特殊的时期里,对异性的恋爱往往有蒙眬、脆弱、不稳定的特点。绝大多数因经不起时间的考验而"分道扬镳,各奔前程"。在现实生活中,我们不难发现,中学时代谈恋爱往往以分手而告终,后来真能结为伴侣的为数极少。

中学生早恋的危害性是显而易见的。从生理上说,他们正处于青春发育期,从心理或思想上都属于尚未成熟的成长期。中学生思想敏锐、求知欲强、记忆力好,正是增长知识、开发智力的黄金时期。早恋常会占去不少学习时间,使学生精力分散,影响学习和进步。早恋也常使学生的思想和情绪处于波动状态,给中学生正确的学习和生活带来许多不良影响。另外,早恋中的中学生,有相当一部分同学对集体活动冷淡,与同学关系也逐渐疏远。因此,已经早恋的同学,应尽快地从早恋中解脱出来。要走出早恋,应注意以下几个方面:

1. 正确认识早恋的危害

要从思想上认识早恋的危害性和及时摆脱它的必要性。我们知道,中学时代是一个人长知识、长本领、奠定一生基础的关键时期,是求学的黄金时代。如果因过早恋爱分散了精力,就会断送自己的大好前程。此外,青少年并没有理解爱情的真谛,早恋带有明显的随意性、盲目性和不稳定性,因此恋爱的最终成功率几乎等于零。所以,要为自己和对方的前程与幸福着想,努力摆脱早恋的羁绊。

2. 选择适当的方法

感情的割舍不要过于简单从事,要讲究方法。首先要根据双方的性格特点和感情深度,选择恰当的表达自己意见的途径。如果对方性格较外向,对你的感情还不是很深,便可找机会直抒己见;如果对方内向,则可通过第三者,如对方的好友、师长等传达你的看法。其次可采取逐渐疏远法。如果两人不在同一学校或居住相隔较远,可采取减少约会和通信,淡化感情交往的方式,时间一长,对方渐渐明白了你的意思,就会自然放弃。

3. 中断往来

从结束早恋的角度来说,男女同学间的友谊、好感都是正常的感情,只要把恋爱退回到好感或友谊,早恋也就结束了。但是,由于恋爱所唤起的情感是强烈的,而中学生的理智和抑制力相当有限,所以,要结束早恋,就得尽量避免两人单独在一起,暂时堵住感情交流的一切渠道。经过感情的一段冻结过程,使理智对感情的控制成为习惯以后,再恢复正常交往,感情之树才不会故态复萌。

4. 转移情感

把时间和精力转移到紧张的学习和健康的课余爱好上去。多关心国家大事,多参加集体活动,多看一些文学名著和哲理性文章,多想想自己的进步,想想将来的事业,想想将来在复杂的社会里如何开拓和进取……这样,心胸和视野就会开阔,焕发出勃勃朝气。

5. 广交朋友

如果总和一个异性接触,天长日久就会生出另类感情。广泛交朋友就可避免单一的片面性,而且可以优化自己的性格,陶冶自己的性情。

总之,正在热恋的青少年,一定要早日摆脱情感的纠葛,及时投入到对理想、学业的追求中去。

第四节 理清杂乱无章的思绪

亲爱的少年:

富有经验的园丁往往习惯把树木上许多能开花结实的枝条剪去。为什么呢?这里为了使树木能更快地茁壮成长,为了让以后的果实长得更饱满，就必须要忍痛将这些旁枝剪去。否则，若要保留这些枝条，那么将来的总收成肯定要减少。

那些有经验的花匠也习惯把许多快要绽开的花蕾剪去。这是为什么呢？这些花蕾不是同样可以开出美丽的花朵吗？花匠们知道，剪去其中的大部分花蕾后，可以使所有的养分都集中在其余的少数花蕾上。等到这少数花蕾绽开时，才能成为那种罕见、珍贵的奇葩。

为什么有些人被称为天才？就是因他们能专注于某一特定目标，不懈地辛勤学习工作，终于有所发现、有所发明、有所创造，获得了一般人不能获得的成就。集中精力与成功存在着密切的重要关联。

孔德·德·布芬在自然史方面取得了极为卓越的成就，他的一生证明专注才能成功这一道理。他写作《自然史的变迁》，先后修改不下11次，才自感满意。他对每一部著作都深思熟虑，从不马虎，他从事著述50年来，一直如此。他对任何细节从不马虎，事无大小，都是如此。他还常说，天才就是有条有理，一丝不苟。

正如有人观察布芬后所言："布芬的成功最明白无误地表明天才就在于把全部精力专注于某一特定的目标。当布芬完成他的第一部著作的写作时，他已十分疲惫不堪。但他强迫他自己再回到原作上来，一个字一个字地推敲、润色，一直到他感到满意为止，一直到他感到在这种反复推敲中感到快慰而不是厌烦和疲乏为止。他的成功是这样换来的。"

许多天才的成就告诉我们这样的学习法则：明智的人最懂得把全部的精力集中在一件事上，唯有如此方能在一处挖出井水来；明智的人也善于依靠不屈不挠的意志、百折不回的决心以及持之以恒的忍耐力，努力在各种竞争中去获得胜利。

光阴似箭，时间过去就不再重来，如果不马上回头，今天得过且过，明天又再等一会儿，当所有最宝贵的青春岁月都稀里糊涂浪费掉后，再想重新学习时，往往为时已晚。这种一再拖延、得过且过的惰性，其实与慢性自杀无异。

有些人通常不太去留意促成学习获得成功的因素，他们常常把学习看得过分简单，不肯集中自己全副心思去做。他们不知道，知识的积累好比是一个雪球，随着人生轨迹的推移，这个雪球永远是越滚越大的。所以，学生们都应该把全副精力集中在学习，在这一方面随时随地努力。这样，在上面所花费的时间越多，获得知识也就越多，学习起来也就越顺手、越容易。

歌德这样说："你最适合站在哪里，你就应该站在哪里。"这句话可以作为对那些学习三心二意者的最好忠告。

与其把所有的精力消耗在许多毫无意义的事情上，还不如看准一项适合自己的重要事业，集中所有精力，埋头苦干，全力以赴，肯定可以取得杰出的成绩。

世界上无数的失败者之所以没有成功，主要不是因为他们才干不够，而是因为他们不能集中精力、不能全力以赴地去做，他们使自己的大好精力东浪费一点、西消耗一些，而他们自己竟然还从未觉悟到这一问题。如果把心中的那些杂念一一剪掉，使生命力中的所有养料都集中到一个方面，那么他们将来一定会惊讶——自己的努力竟然能够结出那么美丽丰硕的果实！

如果想成为一个才识过人的人物，就一定要排除大脑中许多杂乱无绪的念头。如果你想在学习上取得令人羡慕的成绩，那么就要大胆地举起剪刀，把所有微不足道的、平凡无奇的、毫无把握的愿望完全"剪去"。而现在，在学习大事面前，即便是那些已有眉目的事情，也必须忍痛"剪掉"。

你在为谁学习

第七章 学好课堂知识乃学问之根基

第一节 语文学习重在阅读和写作

亲爱的少年:

　　汉语乃是我们的母语,是学习当中最重要也是最基本的,在学习和考试当中,也是主分科。但对于很多同学来说,尽管天天说汉语,却往往不知道该如何学习语文,考试当中,也无从下手。

　　语文的特点是知识覆盖面广、要复习的内容多,既有需要死记硬背的知识,更有在此基础上灵活应用的内容。语文是工具,学习语文的目的在于应用,这是教学大纲的基本精神,也是考试的重点发展方向。所以进行复习也必须把握住这一根本宗旨。

　　具备扎实的基础知识是语文能够取得好成绩的前提,而如何打下扎实的基础主要有两个方面,就是阅读和写作。

　　现在,人类已经进入21世纪,掌握好学习的方法,会不断更新自己的知识,这样才能成为真正有能力的人。从某种意义上说,绝大部分的学习都是通过阅读开始的。尤其在语文学习当中，阅读更是至关重要。

比如文言文，只有通过不断的阅读，才能理解文言实词、文言虚词的意思，并要经常重复多次阅读一些重点文段，在词语的不断重现中达到掌握词语意义及用法的目的。还有那些考查范围非常明确的考点，比如名句名篇的默写，一定要能流畅背诵相关的古文及诗词，并理解相应的内容，做到可以灵活运用其中的句子。

说到写作，在语文中更是不可或缺的。我们学习语文，无外乎两点目的：一是能够看懂文字、流畅阅读；二是能熟练写作。而作文在语文的考试当中，也是占有很大分值的。因此，作文的复习也就显得尤为重要。作文水平的培养重在平时，但到了复习阶段也不是就不去管作文了。作文复习也应及早下手。从复习一开始，就要把写作水平的提高作为语文复习的重中之重来抓，经过一定时间的写作训练，考试中写出一篇合乎考试要求的作文肯定是能够达到的。

小峰的语文成绩在班上一直名列前茅，特别是他的作文，每次都能拿到高分，在班里大家都叫他"小作家"。同学们对他又是钦佩，又是羡慕，羡慕是因为大家觉得小峰作文写得好，是因为他有文学天赋，那是学不来的。语文老师蔡老师听到了这个说法，就特地安排一节课，让小峰自己在讲台上讲一次，讲讲他是怎么写作文的。

不过，小峰的演讲却让大家都有些出乎意料。小峰不仅不承认自己有什么文学天赋，还拿出了一个写得密密麻麻的笔记本，说这是他写作文的"百宝箱"。写作文还要做笔记？这是大家都没有想到的。

那么，小峰的"百宝箱"里都装了些什么呢？

原来，小峰平时就很爱看各种报纸、杂志和文学书籍，看到好的文章和段落，他就随时摘抄下来，没事的时候就拿出来翻翻，在阅读别人好文章的过程中，慢慢培养自己的文字感觉。这主要是为写记叙文准备的。小峰的"百宝箱"里面，还有一部分是一些名人名言，还有有趣生动的各种事例，这些都是为了写议论文积累的素材。加上平时又注意关注一些国家大事，难怪小峰的议论文也写得那么生动活泼。

除了这些，"百宝箱"里面还有好多小峰平时自己写的作文。蔡老师每周都会要求同学们写一篇作文来练笔，有各种各样体裁和风格的要求，然后选出几篇范文来讲解，每次都有小峰的作文。许多同学觉得自己反正也不是那块料，练笔都随随便便应付一下，而小峰却是每次都一丝不苟地完成，而且从中收获了很多。不仅如此，小峰还经常给自己改作文，同样的题目他会把别人写得好的文章拿过来，和自己的进行比较，看看别人的好在哪里，自己的差距在哪里，然后在吸取别人优点的基础上修改自己的文章。

小峰的"百宝箱"里面还准备了一些范文，各种文体的都有，这样他考试的时候碰到什么样的作文题，心里都有数。有些特别好的句子他都能背下来，需要的时候可以随时用上。原来小峰作文里面的那么多好句子，并不都是他自己想出来的呀！

听了小峰的一席话，同学们都赞叹不已。没想到小峰为了写好作文，平时做了这么多的准备，难怪他每次考试作文都能拿高分。同学们对小峰更加钦佩了，对自己的作文提高也有了信心。看来，只要平时下功夫积累和准备，作文水平也是可以提高的。作文不仅要复习，而且还要花不少心思呢。

小峰的作文复习方法给了我们一些启示，具体地，提高写作水平有五大途径：一是审题定文眼；二是篇章结构的谋思；三是语言表达；四是材料组织；五是范文揣摩。在复习阶段，要特别重视审题训练和材料积累。

拿到一道作文题或是一段材料，首要任务就是审题。所谓审题至少应从以下几个方面着手。

首先，看清题目。

有一道考试作文题是《发现》，许多同学没有看清楚题目，或是理解错误，写成《发明》，无论后面写得怎么样，都不可能得到高分的。

其次，吃透内涵。

某个作文题是"耐力"这个话题，这个话题需要借助鸽子和骆驼两个意象展开，并通过进一步的比较和诠释，加以更深的展开。一般来说，这个话题更贴近我们的实际生活，应该更能激起同学情感的共鸣，因为小到解答一道题，大到对学习生活的体验，对以后人生的憧憬，都可以与"耐力"这个话题关联起来。但在写作过程中有些同学在对概念的内涵把握上却出现了偏差，将"耐力"与"耐心""忍耐"等混在一起，写出的作文也就不会那么贴题了。这些都是由于对材料审视不够、审题不清、内涵没有吃透而造成的。

最后，明确要求。

看清体裁、字数、拟题要求。这时最重要的是拟题，许多人只把话题当作文题一抄了之，不知匠心独运重新拟题。

总之，审题不能像扫描一样一目十行，而应该是工兵排雷式的点滴勘察。"审题不误作文功"，要字字看清，句句落实，找关键词，找重点词，然后按重要而准确的指令去写作文。

要想写出好的作文，就需要同学们在平时有足够多的材料积累。分析近些年的中考、高考这样的考试后我们能发现，话题作文是作文考查的主要形式。作文命题更加贴近学校、贴近生活，诸如读书学习、社会交往、人生思索等，再细化一下也就是关于读书、友谊、鼓励、自信、合作、真诚、平等、关爱、探索等方面的话题。

如果平时不注意积累，即使话题作文的写作范围较广，我们也只能泛泛而谈，不着边际，人云亦云，内容空洞，落入俗套。所谓作文要"广阔有边"，就是说既要放得开又要收得拢。所以我们不能只是大量地写写练练，而不注重积累。低质量的重复只能导致江郎才尽。积极的做法是注重有意识地积累，并将积累的材料分门归类，我们写作时就可以顺利地去材料"仓库"选取了。

如优美的语言。

家乡的水土孕育了家乡特有的文化。

文化是溱湖竞渡激越的浪花，是元宵灯会跳跃的色彩，是孤山粗朴的叫鸡，是茅山绵长的号子；文化是梅兰芳挥出的长长水袖，是乡间艺人留下的串串朗笑，是泰兴的木偶，是靖江的讲经，是人生如戏，是戏如人生……文化是屋前潺潺的小河，是邻家憨厚淳朴的老汉，是小巷湿漉的青石板，是悠久深沉的历史遗迹；文化是流淌着的昨天、今天和明天。

当然方法还有很多，如联系教材、联系古诗、联系名著、联系名言等，总之要积累。

除了审题训练和积累素材以外，还要多进行实际的作文练习。

我们在日常生活中，碰到很多例子，有些学生很会说话，口若悬河，滔滔不绝，然而在写作文时却绞尽脑汁，写不出多少内容来，究竟原因何在？因为在日常生活中"说"的机会较多，因此说话几乎不费多少力气，但"写"的机会很少。光说不写，怎能提高写作水平呢？

要经常动笔练习，另外还要在作文中多注意非智力因素的作用。长期以来，老师在指导学生写作文时过多强调"内容"的作用，往往忽视了"形式"对内容的反作用力。其实，在快速、紧张的考试阅卷中，作文的外在形式非常重要。具体而言，文题应自拟，尽量不要使用材料所给的"话题"做题目，这也是作文的要求之一，题目力求观点鲜明、语言简洁、形象有力，能"抓"住读者的目光。作文开头应开门见山、语言准确有力，结尾应干净利索、余味无穷。当然，任何重视都有个度，这是在作文有"内容"的前提下重视"形式"。在阅卷快速、紧张的形势下，同学们一定不要忽视非智力因素的作用，重视则事半功倍。

第二节 数学学习重在培养思维

亲爱的少年：

数学是实实在在的一门学科，容不得有半点虚假和蒙混过关。比如说文科的很多主观题都存在一些模棱两可的因素在内，也都存在一个仁者见仁、智者见智的问题，但数学就基本上没有这个问题了——对就是对，错就是错，没有什么可以争论和分歧的。数学是讲究精确的，容不得一点含糊。

很多学生认为数学要得高分必须采取题海战术，专家对此观点并不认同。备考数学不需要做很多题，做题要从基础题目中选择，保证对数学基本知识的全面掌握，如果着重对付难题偏题，反而会限制自己的思路。

数学学科的考察重点在于考察思维、考察逻辑推理、考察利用已有的知识解决实际问题的能力。在数学学习中，要特别注意对例题和课本习题的充分利用。

在学习例题时，很多同学往往认为例题很简单而一看了之，或者只是机械地记忆解题示范过程，这样不仅不能充分发挥例题应有的作用，而且妨碍了解题能力和思维能力的提高。

一般说来，例题是典型的具有代表性的题目，例题的解答过程是运用理论解决具体问题的示范过程。例题的作用很大，不仅能帮助你复习巩固基础知识，而且能培养你由一般到特殊的演绎推理能力，反过来又能加深对基础知识的理解。例题的解答方法也往往是典型的重要的方法。学好、学会、学通一个例题往往能掌握解决一大类问题的方法。因此要特别重视对例题的潜力挖掘。

你在为谁 学习

在学习过程中要充分利用例题，首先要课前认真读例题。上课前要认真预习将要学习的内容和例题，在读题的基础上，了解题意，搞清题目所给的条件，还要研究书中的例题是否能够一题多变。用变通的角度去看例题，不仅激发探索兴趣，还能提高创造创新能力。其次要在课堂上认真研究例题，寻求解题思路。课本中有些题目的解题思路不易想出，其解答、证明方法孕育在发现结论的过程中，其中数学归纳法部分尤为突出，因此要追溯得出结论的过程，从而找到解题思路；不仅要弄懂还要学透例题的解题思路，掌握重点把握难点，为解题能力的提高奠定基础。最后要在课后分析看例题。课后要从新的角度去重新审视、分析例题；找出能够沟通条件和结论的路线，从而理清解题思路，弄清解题的方法和步骤，理清解题思路并不断提高思维转化能力。

在考试前的复习阶段更要重视例题的潜力挖掘：考试复习要归纳压缩知识，要把课本由厚变薄。要真正做到这一点，就需要充分利用例题了。要弄清全书有几章几节，每节有几道重点例题。对书中的例题做到心中有数之后就是进一步熟悉例题了。熟悉例题的最好方法是抄写并认真研究题型。解题思路明确后，要用严格的格式，准确的数学语言写出对题目的解答，这对于培养同学的数学表达能力是非常必要的。用心的解答例题并对照书本中的规范步骤来进一步规范自己的解题思路，并养成习惯，那么考试时候就会做到得心应手了。

另外，还要在解题之后进行小结。在题目解答完毕后，首先要剖析题目中的各种条件的作用。思考去掉或改变这些条件会引起什么变化，特别是逆向变化，然后对有多种解法的例题，要把各种方法加以比较，从中选优，寻求解题的规律和技巧，对有些例题还应注意随着知识的增加而逐步加深和拓展。

行之有效的小结是学习数学不可缺少的一部分，但也是容易被忽视的。通过总结可使你准确掌握知识和解题方法。"一题多解"和"一题多变"可培养你的发散思维能力，使你得到规律性的方法，达到举一反三的目的。

纵观多年来的数学考题，有相当一部分的题目是对课本习题稍加改动，甚至就直接源于课本习题。因此我们一定要注意深入挖掘课本习题的功能，充分发挥其作用。解题时不要就题论题，不要题目解答完了思路就断了，而应该把思路延伸下去，从习题的各个方面进行类比、联想、推广。

同学们在复习数学时一定要重视基础。有的老师认为应该在考前将数学课本上的题都认真做一遍。但课本上的习题不必全部都做。你要把课本作为一本"字典"，在看辅导书时，遇到不懂的地方，再从书本上找出它的本源，以便自己理解。

数学试题"源于课本"，就要求重视对课本的应用，重视课本中的基础知识和基本方法。既要重视习题，更要重视内容，重要的定义、定理不但要掌握，还要掌握相关的数学思想方法。回到基础，放弃题海，就可以既减轻负担，又能取得理想的成绩。

"以纲为纲，以本为本"，并非说试题都是课本题目的再现，还有"高于课本、活于课本"的含义。这就要求你对基础内容有较深层次的理解和把握。为体现这一精神，一些试题将课本知识作了综合性处理，即在知识网络交汇处命题。因此在复习时，不但对每个知识点要掌握，还要注意知识的纵向与横向联系，注意代数知识与几何知识的联系，挖掘课本内容的深刻内涵，编制和构建高中数学知识网络体系。

充分利用课本里面的习题，还要求转变复习应考观念，不但重视概念和结论以及方法的要点，还要重视知识的形成过程，领悟每一个定理公式结论的来龙去脉，掌握它的使用条件以及推演过程中体现的数学思想方法，可能达到的效果，需要注意的事项等，以达到用老方法解决新问题的高度。

数学考试试卷中有近80%的试题考查基础知识、基本技能和基本思想方法，对它们只要做必要的适度的练习，就可以保证得到基础知识的分数。搞题海战术，搞超量练习，耗时费神，劳民伤财，过犹不及，也不一定会得到更多的分数。

  曾经有一位来自西北的高考状元说，她复习的时候基本上没有买过什么参考书，就是老老实实做课本上的习题，做老师发的题目，一样考上了名牌大学。

  后来，在同学请教她是如何学习的时候，她说道："其实数学的复习不在于做多少习题，看多少参考书。其实，只要掌握了公式，再难的题也逃不出公式。把课本上的公式和习题能够熟练地结合起来就好，许多类型的题，只是内容不同，而没有本质区别。"

  一到复习阶段，很多人都开始不停地做这样那样各种版本的习题，有老师布置的，有家长买来的参考资料，还有同学推荐的习题集。然而在题海中鏖战却未必会得到很好的效果。有时候一道题明明以前做过几遍，到考试时候却还是忘记怎么解题。一位考入清华大学的同学向大家贡献了自己独创的一套"符号复习法"，能够充分发挥所做习题的功效。

  考试复习阶段，必然要做一定数量的练习题，毕竟数学是重在解题思路、逻辑分析的学科，只有经过一定的练习，才能更好地掌握所学的知识，怎么样才能让做过的每一道题都发挥应有的作用呢？

  首先将题目分类，若是一般性的，自己也没有做错的题目，就放在一旁；虽然自己做对了，但觉得题目设计很好，可以打个"#"；由于题目的陷阱，或是自己思路有误而做错的题目，就打个"&"；自己几乎没有什么思路的题目，打个"*"。这样将题目分类之后就非常有利于下一轮的复习了。

  对于标有"*"的题目，一定要反复练习，认真研究，仔细思考解题的思路方法和技巧，一定要把问题彻底弄明白，要做到下次遇到同类题目的时候能够很快解答出来。对于标有"&"的题目，当时明白自己错在哪里了，下次再练习时，要提醒自己不要再犯同样的错误。

"符号复习法"针对不同的题目标出不同的符号，给予不同的对待，就做到了有针对性有重点地复习，真正做到了有的放矢，提高了复习的效率，复习效果自然好了。

第三节 外语学习重在启蒙语感

亲爱的少年：

朱熹提倡熟读精思，要求读时"使其言皆若出于吾之口"，思时"使其意皆若出于吾之心"。这种重视语感积累的诵读方法，对于提高你的语言能力具有重要的基础作用。

在英语学习当中，语感是最为重要的一个环节，也是最困难的一个环节。人们常说中国式英语教育，是一种"哑巴英语"的教育，做题都没有问题，但到了说的时候，却一句话也说不出口。而很多学生在平时做题看起来没问题，但一到考试的时候，却无法取得高分。这些问题都成为困扰学生学习英语最重要的问题。

李楠的英语成绩在班里一直很好。而且李楠不止英语考试成绩一直名列前茅，而且口语也非常流利，经常能够熟练地和老师进行对话。这是其他学生望尘莫及的。老师请李楠讲授一下他的学习经验。

李楠说道："我感觉学习英语其实很简单，主要就是先有学习的兴趣，然后再培养语感。因为我喜欢看电视剧，所以经常看一些原版的外国电视剧，从而培养自己的听力。接着我会记下一些在剧中经

你在为谁 学习

常出现的日常交流用语，把这些再结合起来，自己整理成对话，并大声念出来。这样不仅记住了更多的单词和语句，还培养了语感。哪怕遇到语法不懂的时候，当我念出来时，自然而然就运用了正确的语法形式。"

因此，如何提高语感已经如何考试取得高分就成了每个学生学习的重中之重。而复述记忆和提高英语阅读能力是解决这两个问题最值得注意的两点。

复述是理解课文的重要方法，是积累运用语言的重要途径，是进行思维训练的有效手段，也是一种好的英语学习方法。

复述不仅可以加深记忆，还可以强化学习动机。把读过的、学过的东西凭记忆复述时，就能把注意力集中在学习上，积极地进行学习。还能通过树立短期的学习目标，激发学习的热情。通过复述可以了解自己的进步情况，从而明确下一步的学习重点，不一致盲目地平均分配精力，从而提高学习的目的性和效率。

复述还是有效训练听和说的方法之一。听完英语文章试着说出主要内容和归纳中心，分析层次结构和思路。这是一种特殊的训练听和说能力的方法，既简单易行又科学。复述可以很好地帮助你习得他人的语言。复述还可以帮助你较好地进行模仿打下基础。要先把别人写的说的用自己的话说出来，才有可能学会自己说，连别人说过的都说不好，又怎能灵活地说出自己想说的话呢？

各种形式的复述，比背诵更能积极地训练你的语感，比背诵的思维强度更大，能更好地把握英语课文内容，掌握书面语言。复述采用的是将书面语言化为自己语言的形式输出接受的材料。这一"化"的过程，能使语言更快地被积累起来。而背诵存在较多的机械记忆因素，完全代他人说话，没有自我，便缺乏语感，不利于语言的转化吸收。

要顺利完成复述的过程，你必定要经过重新思考、重新整理信息和重新组织语言的思维过程，这是很好的思维训练方式，也是一种很好的想象力的培养，更是词汇的积累和熟练应用过程。

英语阅读是英语学习的一个重要组成部分。要提高阅读能力，首先要掌握一定的阅读技巧。提高英语阅读能力，对于大多数学习英语的人来说，都是一个非常重要却又相当困难的学习过程。

英文阅读理解涉及词汇、句子、段落和语篇四个层次的理解问题，而其中最根本的是对词汇的理解。

词汇是语言的基本构成元素。如果掌握的词汇量太小，读文章时就会出现处处是生词的情况，文章根本不可能读通，更不要说理解了。英语阅读理解的关键则在于真正读懂文章，而词汇是构成语言的基本元素，所以掌握一定量的词汇是很重要的。

句子是语言表达的基本结构。读懂每一个句子表达的意思是真正读懂一段话、一篇文章的基础。要快速、准确地理解每句话的含义，至少涉及三个层次的问题。一是理解句中每个词汇的意思和相关的词法。二是理解句法结构。三是理解句子和上下文的关系。其中，理解词法和句法结构则是句子水平阅读理解的关键。词汇是构成语言的基本元素，而语法则是词汇构成语言的规则。掌握英语语法，并能把自己的英语语法知识熟练地应用到英语阅读实践中去，这是提高阅读理解能力必须具备的基本功。

培养阅读能力，还要掌握一定的阅读方法和解题技巧，并有效地指导阅读并提高效率。

首先要确定文章的体裁。文章的内容不同、体裁不同，在阅读时使用的方法也不一样，比如在阅读说理性强的文章，可以遵循"主题——发展——结局"的规律，抓住文章的论点和大意；而记叙文应该理清事件的来龙去脉。

其次要以段落为阅读单位。一个段落为一个阅读单位，不要一个词一个词地读，那样不但速度慢而且容易影响对整体内容的理解。从大的角度来阅读整篇文章能够更好地理解文章的意思，阅读速度也会更快。

最后要学会结合上下文的意思来推断生词的意思。通常不论你认识了多少个单词，你都可能遇到不认识的生词，这是很自然的。如果这个词并不影响阅读理解，你可以跳过不去管它。但有时候这个词很关键，需要你去理解大概的意思，那么就要求能够结合上下文、整篇文章的主旨和生活常识、文化背景来推断这个词的意思了。另外可以根据构词法来推断生词的意思。英语构词法主要有派生、转化和合成三种。熟悉这些对推断生词很有帮助，比如可以根据前缀、后缀、词根等来推断整个词的意思。

一旦具备了真正的阅读理解能力，再加上一些实用的应试技巧，那么解答任何考试中的阅读理解题目还能有什么困难可言呢？

在英语复习中，还要注意进行听力的复习和训练。在考试复习的中后期，同学们要解决好几个问题，即了解考试的要求、自己的实际听力水平以及要达到自己的目标需要做哪些工作以及如何使效果最好等。

复习最为重要的一点就是复习的针对性一定要强，不要再去考虑如何打好听力基本功，这个时候的复习要从实际的考题要求出发。真正地了解自己的薄弱环节在哪里，同时自查以前的听力复习方法是否正确，然后有的放矢地去复习。

同学们在考试英语中应该确立听力题拿高分的目标，因为听力得分相对比较容易，而且在分值上它相当于英语知识运用和阅读理解的英译汉两种题型。每个人都应该根据自己考试的整体复习时间和学习任务给听力一个合理的时间分配，建议考前所做的听力练习的题量至少要达到一定数量。

听力练习材料的选择要遵循从易到难的原则。但是太易或太难也达不到应有的效果，太易的材料练习起来没有进步，而太难的材料又容易打击学习者的自信心。最好的起始材料是那些自己大部分能听懂的材料。

在进行听力训练时，要反复听大纲词汇。考试听力材料中的词汇无论多么难，也不会超出考试大纲词汇表的范围。所以大家可以结合词汇的复习，将大纲上的全部词汇的读音反复听几遍，在头脑中建立每一个单词的语音档案，这是极具针对性的考试听力的基本功练习。许多考试词汇书都提供单词的语音光盘，其中也有让大家练习听力的意图。

听力训练时，听音更要听意。在练习听力的过程中，不要力求听懂每一个单词，重点是要听懂材料的主要意思，只要抓住了材料的主旨大意，有些细节性的内容可以通过语法和背景知识推导出来，即使不知道，也不会影响答题。

要想听力好，还得做大量的朗读练习。通过自己的"读"，对照自己的读音和标准的读音，可以发现自己读音方面的不足之处，可以避免由于自己的读音不标准而影响听力效果的问题。

第四节 别让偏科伤了你

亲爱的少年：

在你观察一个人的时候，你会发现，每个人都有优势和劣势，它们共同构成了一个人的能力，然而，如果他的致命的劣势无法改变，他的一生都无法接近成功。学生也是如此，学习能力发展的失衡如不能得到及时纠正，过分强调优势或特长，而忽视甚至放弃弱势能力，势必影响学生未来的学习和生活。

在学习上，很多学生都存在偏科的现象。轻度的偏科影响学生的学习成绩，若是任其发展下去，极其严重的偏科还会给学生的人格造成缺陷。

刘杰出生在一个单亲家庭，出生仅两个月时，因父母离异，他就失去了父爱。夫妻离异使得刘杰的母亲认为：家庭平安、不出是非，最为重要。因此，她严加管教自己的儿子，坚持"自己不去做的，孩子就不应知道；自己不去引导的，孩子就不能去做"的家庭教育信条。

刘杰枯燥的童年生活是和塑料拼板相伴度过的。母亲完全为他设定了生活轨迹。刘杰也从不敢对母亲说一个"不"字。这样的家庭教育使得他几乎失去了自我价值判断的能力，虽然后来成为清华大学的高才生，但他仍在一种童稚心理中不能自拔。

直到上了大学，刘杰才学会了骑车。在生活上，他对母亲的依赖性依然很强，甚至走哪条路骑车上学安全也要向母亲请教。每周日，母亲为他买两个面包和一袋饼干作为早点，他肯定会按照母亲的安排，先吃面包，再吃饼干，即便天热面包坏了，也不会打破这种规律。

唯一的一次"反抗"出现在刘杰填报高考志愿时。当时他喜欢生物，可母亲认为他该学计算机，就把他填写的志愿涂了，可他自己又给改了回来，母亲又改，他再改。母亲告诉他要再敢改志愿，她就把志愿单撕了，他才哭着同意了。虽然在数理化方面的学习能力一直为人瞩目，也曾代表清华大学赢得全国大学生数学建模大赛二等奖，但是刘杰却对文科不感兴趣。母亲特意买给他的唯一一部小说《三国演义》，他多年来碰都不碰。知识结构的严重失衡导致了刘杰在认知领域上的畸形心态，后来产生了许多问题。

有专家通过跟踪调查研究，结果发现：如果学理科的学生不懂文科，他的思维方式会受到很大影响，将来创新能力也会受限制。从现象上看，这种学生的表达能力、书写能力差，甚至无法把自己的观点在论文中很好地表达出来。从长远来看，他们毕业后科研项目的论证报告、申请项目、结题报告都需要好的文科知识。知识面的狭窄会影响他对新事物、新学科的接受，甚至还会妨碍学术交流，影响自己的进一步发展。

父母应该对孩子的偏科现象给予足够的重视，并及早加以解决。大学以前是孩子的基础教育阶段，孩子应该在这一时期为日后成才打下坚实的基础。任何一门课程的偏废都会为日后的高楼大厦埋下严重的危害因素。从未来的工作需要看，日后每个人的工作都将是综合性的，且工作变动性很大、很快。一项工作、一个问题的解决，往往要用到许多领域的知识，培养复合型人才已成为国内外教育界一个公认的目标。

实践证明，孩子学习偏科不利于孩子的发展。家长应该怎样帮助孩子纠正学习偏科问题呢？要向孩子阐明学习偏科的危害，培养正确的学习动机。中小学阶段，属于基础教育阶段，是为孩子日后成才打下坚实基础的阶段。各年级开设的各门学科都是为了孩子的全面发展、经过科学论证和实践检验而设立的，偏废任何一门课程，犹如修建高楼大厦时地基缺了几样关键的东西，其后果是很严重的。而且，要让孩子认识到，要学好数理化，没有坚实的语文功底是不行的，没有结实的身体是不行的，没有艺术修养和丰富的想象力是不行的。各学科之间是相互联系、相互渗透的。

由于中小学生偏科现象的存在，导致了眼下许多大学生"会说ABC"，但却写不出一篇像样的文章来，甚至给导师写的请假条都有错别字、用错标点符号、不懂格式，这些人不得不回头再学基础语文。事实证明，许多优秀的科学家，除了具有广博的专业知识以外，还有相当高的文学修养、艺术修养。

激发孩子对"非优势学科"的兴趣。如果孩子在理科学习方面取得了成绩而文科不足，此时可鼓励孩子："你数学学得这么好，语文能不能也学得这么好呢？试试看。"家长平时可以和孩子分析某一篇课文的写作特点，甚至也可以"请教"孩子一些语文方面的问题。许多孩子语文不好主要表现在写作不好，此时家长可鼓励孩子写日记，模仿一些名篇的布局、结构，并进行一定的激励。购买一些文学名著，订阅一定数量的文学报纸、杂志，鼓励孩子向报社、杂志社投稿，参加一些写作比赛，逐渐提高孩子学习语文的兴趣。

第八章 汲取课外知识为自己加分

第一节 随时观察学习的机会

亲爱的少年：

在人类历史上，尤其是科学发展史上的成功人物都具备优秀的观察力和习惯。英国发明家瓦特，从烧开的水顶起壶盖的观察中琢磨出蒸汽机的基本原理，引发了一场深刻的工业革命。

三国时，曹操的儿子曹冲自幼聪明过人，9岁时，在某些方面甚至超过成年人。当时，东吴的孙权送给曹操一只大象。中原一带的人从来没有见过这样的庞然大物，觉得非常稀奇。曹操见后也十分好奇，他想知道这只大象到底有多重。可是当时没有称这样重量的大秤，怎么办呢？于是曹操召集文武百官共同商议，人人绞尽脑汁也想不出任何办法。正当大家一筹莫展的时候，曹冲从人群中钻出来，对父王说："先把大象牵到木船上，水在船帮上淹到哪里就在那里刻上标记，然后把象牵走，抬石头到船上，将船帮压到刚才刻的标记，再将石头一块一块过秤，不就可以算出大象的重量了吗？"曹操和大臣们听罢，喜出望外，连忙命人照着儿子说的办法做，结果果然称出了大象的重量。

还有一个小学生在一篇作文中这样描述小白鸽：

它的头部两侧长着一对圆圆的小眼睛，浅灰色的眼皮像一层薄纱，随着眨眼睛的动作极快地拉下，又极快地掀起来。小白鸽的嘴巴上面长下面短。嘴巴的上头是隆起的两朵小花鼻，上面各有一个小洞，那就是它的鼻孔。小白鸽全身的羽毛都是白色的，仔细观察，各处的羽毛并不相同。头上的羽毛又细又短，摸一摸，滑溜溜的。背上的羽毛厚厚实实、层层叠叠、整整齐齐排列着。肚上的羽毛蓬松柔软，像刚弹过的棉絮，要是摸一摸，热乎乎的呢！翅膀和羽毛上长着又长又硬的翎毛，能像折扇一样打开，真好看！

这篇作文，老师给了很高的分数，其胜人之处在哪里？是文辞优美吗？文字当然好。是叙述翔实有条理吗？层次顺序也很好。但是，这些还不是关键和根本。其关键和根本在于，这位同学有着非凡的观察能力，对小白鸽观察可以说是细致入微。这种非凡的观察能力，不仅是学好作文的基础，也是学好数学和其他学科的基础。若能养成良好的观察能力，甚至能成就孩子一生。

观察力既是人通过眼、耳、鼻、舌、身等感官感知客观事物的能力，也是完成学习任务的必需能力。孩子学习知识需要从观察生活开始，遇到新奇的事物，比如去动物园看动物，出去旅游看风景等，大人要在孩子欢呼兴奋、情绪盎然的时候，恰到好处地提醒、引导其仔细地观察事物、审视细节，不要笼统地只看大概。

你在为谁学习

兴趣是智力活动的巨大动力,是人们进行求知活动和学习的心理因素。兴趣比智力更能促进孩子学习,强烈而稳定的兴趣是从事活动、发展才能的重要保证。

科学家和发明家往往在青少年时代都有惊人的好奇心。被人们称为"发明大王"的爱迪生,仅在专利局登记过的发明就有1000多种。一个仅读过几个月书的人怎么会有这么多发明创造呢?原来,爱迪生在很小的时候,就显示出了极强的好奇心,只要看到不明白的事情,就抓住大人的衣角问个不停,非要问出个子丑寅卯来。他的成功与他对事物的强烈的好奇心是分不开的,对事物强烈的好奇心激发他不断地去探索、思考、发明与创造。

观察的目的性和计划性是保证观察有收获的重要条件,对一个事物多方面的观察,按照一定目的和条理去进行,这样就不会遗漏要取得的材料。心理学的知觉规律表明,有了明确的任务再去感知事物,注意力就能集中地指向有关的事物,知觉就会清晰完整。

不妨问一下自己:树叶落下的时候是叶面向上还是叶背向上?桃树是先开花后长叶,还是先长叶后开花?面对这些经常见到的现象,可能我们往往回答不出。原因不是别的,是我们没有观察过。

1.观察是求知的重要手段

孩子认识事物,往往是从观察获取信息。据心理学家统计,人类获取的信息,75%靠眼睛的观察。观察获得的大量感性形象和知识,是概念形成的基础,对抽象思维的发展有很重要的意义。双目失明的人失去了观察的机会,感性形象相当贫乏,所以他们的抽象思维的发展要迟缓一些,对抽象概念的掌握要困难一些。观察也是开启心灵的重要手段。学会了观察,就会提出各种各样的问题,产生各种各样的幻想。见到荷叶上的水珠,会思考水为什么变成圆圆的珠子;见到秋天大雁南飞,会思考大雁为什么要南飞,为什么要排成"人"字队形。观察会把我们带进问题的世界。

2. 问问题是智力生长的起点，是思维发展的营养剂

很多孩子在观察当中，一般是以自己的兴趣为出发点，往往不知目的是什么，不能从纷纭复杂的背景中，有针对性地观察最主要的东西，对自己没兴趣的事物"视而不见"。那么父母要指导孩子明确观察目的，不仅要教育孩子树立观察的意识，认清观察对于发展自身智力的好处，而且要教育孩子在观察任何事物时，都要有明确的目的，即观察什么，为什么观察。

3. 要自己创造各种各样的条件，给自己多观察的机会

经常到公园去参观游览，观察树木花草的颜色形状，游客的神态表情，公园里发生的事情；在马路上走，可以观察红绿灯，各种车辆，商店的橱窗；有条件的还可以在家里养花，养金鱼，对花和金鱼进行系统的观察，激发自己对事物观察的兴趣。

第二节 阅读健康的课外读物

亲爱的少年：

高尔基曾写道："读书有时会使人突然明白生活的意义，使他找到自己在生活中的位置。"类似地，梁实秋也曾说过："读好书是充实知识的方法，也是调剂心情的良方。以一般人而言，最简便的修养方法是读书。"还有古人的"开卷有益"。这些话都是强调读书的重要，鼓励我们努力读书。

阅读是一切学习的基础。在学习的过程中，如果能养成阅读的习惯，语文的学习就可以得心应手，其他学科的学习也已经成功了一半。因为

你在为谁学习

我们可以通过阅读获得知识，提高学习兴趣，还有助于开发我们的多元智慧。

爱读书的习惯对学习发展的影响是毋庸赘言的。不过需要注意的是，读书是要有选择的。读书生活中，开什么"卷"，是大有讲究的。选择得好，"开卷"可收事半功倍之效；选择得不好，也可能事倍功半，甚至可能给自己带来危害——正如别林斯基所说："阅读一本不适合自己阅读的书，比不阅读要坏。"读了没有用的或低劣的书，不仅浪费了时间，还可能接受消极错误理论的影响。

走进书店，仅我国每年出版的书籍就达几十万种，如果把古今中外的图书加在一起，真可谓浩如烟海。当你走进图书馆，面对满架满柜的图书，真有点像驶进茫茫大海的小船一样找不到方向：这么多书，读什么好呢？

现在的书籍大致分为四类：一是值得精读的；二是可供参考的；三是没有参考价值的；四是误人子弟的。所谓一流的书籍，就是最有价值的书籍，是上乘之作，是经典名著，是经过了漫长时间的考验所留下来的著作。读了一流的书，可以举一反三，触类旁通，扩大视野。古人说：取法乎上，仅得其中；取法乎中，不免为下。只有读一流的书，才有可能达到最高的精神境界，也才有可能抵达最佳的审美境界。如果舍一流的书而去读二三流书，得到的也只是三四流的读书心得。所以读书要选好书，挑选有价值的一流的书来读，而不要被二三流的书所贻误。

古今中外的名著，是智慧的精华，是人类共有的精神财富，是世界上最富有生命力的一种文明力量。名著中所包含的思想和精神养料，要比普通的书丰富得多。因此，选择名著阅读，是读书生活中重要的一环。

比如，莎士比亚的戏剧就是文学巨著，它传承了既有的文学技巧，开启了诸多手法的先河，描绘了形形色色的人物，又是语言史上的巨著。同时，它还是欧洲文艺复兴时期形象化的历史，广泛涉及当时英国的政治、经济、思想、文化、风俗等各方面。又如，歌德的名著《浮士德》，概括了欧洲三百多年的精神历程。这些书，可以说是常读常新。

又如一部《红楼梦》，开启一门专门学问——红学。200多年来无数人研究它，它的奥秘至今没有穷尽，恐怕对于中国每一个在文学殿堂中徜徉的人而言，《红楼梦》都是一部意义深远的书。它构成了我们对于历史、社会生活、民族情绪最初或最深的理解。

现代的一些畅销书之所以畅销，要么是为一个庞大的群体所认可，要么是通过媒体宣传的结果。一部分畅销书是所谓的"经典著作"，而另一部分的畅销书只是"快餐式"文化。对于正在成长中的青少年而言，若滥读或是受宣传的影响而进行媚俗性阅读，将会养成一种低下的阅读趣味和阅读习惯，一旦定型，日后很难纠正过来，更糟糕的是，日后即使再面对名篇，已变得低层次的目光，也会将名篇看低了。

学会根据报刊或有关书上的评介读书，对自己是非常有益的。比如想读点当代诗人的诗作，却不知道有哪些名诗人和著名作品，也不知道这些诗人和作品的特点和风格，就可以通过查阅已经出版的当代文学史上的评述来选择。有时并无专门的研究目的，只想选一两部反映当前社会问题的优秀小说来读，就可以翻看文艺报刊的评介，或从近年来获奖的小说中来挑选。有的评介文章还有比较，指出某一部书在同类书中的地位和影响，读这类文章，我们选书就更方便了。

作为一名读书人，既要学会阅读、善于阅读，也要学会选择、善于选择。选择能使人辨真伪、分优劣、辨美丑，能使人独立判断，不盲从，不迷信，即使是名家名篇，也仍有一个选择的问题，选择出智慧，不会选择就谈不上有所发明和创造。如果想成为创造型人才，那么，应该学会的头一件大事，就是能从知识、信息的急流中辨清方向，能从大量文献资料中选取最有价值的知识、信息。

阅读心态与阅读效果之间的关系是非常密切的：阅读的心态越好，阅读效果也就越高。那么，阅读的时候应该抱持什么样的心态呢？

1. 纯洁的心境

在阅读之前把一切芜杂、混乱、烦琐的念头全拭去，使心境如一块水晶、一池静水。这样阅读文章，印象才会清晰，记忆才会深刻，理解力和吸收力才会更强。

2．安静的心绪

心绪要安稳平静，要克服慌乱和烦躁。慌乱让人容易心情烦躁，从而无法进入到阅读的领域当中。这样不仅无法获取书中的知识，还浪费了时间。得不偿失。

3．乐观的心情

对环境、处境，应该有一种惬意的顺向心理，而不应该有反感的逆向心理，应该对生活充满理想、热情和信心。

4．专一的心态

阅读时要全部精神倾注在阅读对象上面，要加强感受器官和思维器官的活动，造成大脑皮层的兴奋。

5．渴求的心志

在阅读的整个过程中，要有一个念念不忘的明确目的。有了明确的目的，怀着迫切的心情去读，注意力才会集中；有浓厚的兴趣和爱不释手的感情，阅读效果才会好。

读一本好书，就仿佛在与一位品德高尚的人谈话。寂寞时，它会给我们以安慰；有疑难时，它会给我们解答；遇到挫折时，它会给我们鼓舞和力量；迷失方向时，它会带我们走向光明的前程。

第三节 三人行，必有我师

亲爱的少年：

子曰：三人行，必有我师。因此，不管是什么样的同学，都会有值得我们学习的地方。在学习和生活中，越能发现别人的优点，就越能向别人学习，越能提高自己。所以说，发现别人的优点，可以让你受益终生，不断提高自己，最大限度发挥出自己的潜能。

有一个叫梁涛的男孩，平时总觉得别人不如自己。有一次，他听到班里一个男生说了句脏话，人家没有说他，他也知道说的不是自己，可就是不爱听，就动手打了说脏话的同学。上课时，老师批评他，他二话不说，转身就下楼踢球去了。他宁可在空荡荡的操场上一个人踢球，也不愿意回教室上课。这件事情妈妈很着急，为此还找来了了心理医生，结果梁涛对人家说的第一句话就是："我们家的事，用不着你来瞎掺和。"就这么把人骂跑了。妈妈没办法，就跟他讲道理，结果当然是没有用。

正是因为觉得老师、同学都不如自己，所以梁涛才不愿意上学，初中都没毕业，整天就在家里待着。可是原来他学习的时候，那些需要死记硬背的问答题，他只用半天时间就能背下来20多道，连父亲都说，他身上有股劲儿，想干一件事都可以不要命。实际上，他是一个非常敏感、精力非常旺盛的孩子，尤其在青春期，心里那股强大的力量甚至都不受自己的控制。

你在为谁学习

这样的孩子容易走极端，要么就非常好，要么就会有许多问题。遗憾的是，在现实中他并没有得到适当的引导，无论在家里还是在学校，都没有可以说说心里话的人，所有的苦恼就都闷在心里，最终一下子就从原本的乖孩子变成了问题少年。这样的孩子特别需要被别人理解、被别人接受，特别需要生活在充满爱的环境里。如果得不到，就会觉得连活着都没有意思，这个世界没有属于自己的地方。

人人都有闪光点，王悦就是一个完全不一样的女孩，她总能从别的同学身上看到优点。在班里，通常都是要好的几个朋友一起扎堆玩儿。每个班都会有几个学生一个朋友都没有，别人都不接近他们。而王悦，则从来不会疏远任何人，对谁都是一样好。

在王悦的眼里，每个同学身上都有自己独特的天赋，虽然现在才刚刚萌芽，但等到成熟了以后都可以光芒四射、光彩照人。她觉得学校应该是一个让每个同学充分成长的地方，学习的目的是更好地认识自己，发现自己的天赋，找到属于自己的一条路。学习的过程虽然艰苦，但就像是一个不断切割、打磨的过程，把矿石中的杂质去掉，最后才能剩下一颗晶莹璀璨的钻石。

在学校的每一天，王悦都不断地被别人身上的优点深深地打动。她佩服每一个同学，总是努力用别人身上的优点来磨砺自己，磨掉自己身上的缺点，让自己一点一点进步。

期末考试的时候，她得了全班第一。老师让她谈一下学习心得，她说："其实我比不上大家，每个人都比我强。我只是不断学习你们的优点，改掉自己一个又一个小毛病才取得进步的。我能做到的，其实你们每个人也都可以做到。"台下响起经久不息的掌声。

如何培养善于发现同学优点的好习惯呢？首先当你对同学身上的缺点耿耿于怀时，要试着寻找那个同学身上的优点。然后对自己讲，每个人都既有缺点又有优点,我们要多学别人的优点,原谅别人的缺点。其次当你犯了错时,要懂得自省,想一下,在全班同学中,在同样的事情上,谁能做得比自己好,这就是拿着自己的短处找别人的长处,可以激发你的上进心,改变对同学的看法。再次学习上,自己在班级中选择追赶的目标。定下目标以后,可以和那个同学多交流,看人家是怎么学习的,自己也模仿。这样,利用你自己的好胜心,可以促使你更多地发现别人的优点,并且学到自己身上。最后在交友方面,尽量找到朋友身上比自己强的优点,在交往的过程中,努力学习人家身上的优点。你要从小就树立根深蒂固的观念——交朋友是为了让自己获得提高。

第四节 学习为人处世的技能

亲爱的少年:

有一个你喜欢接近的同学,对你却总是很冷淡,遇到这种情况,你该怎样和他友好相处呢?虽然有些同学曾经抱怨过身边的朋友总是很少,对待这种冷淡的同学,也总是无法很快地与他倾心相交。因为他的态度让我们觉得难以忍受,于是就选择了放弃,将他阻挡在心门之外。这种做法,很可能会使两个好朋友失之交臂。

沟通其实就是一个互动过程。朋友就像一面镜子一样,你对他投以热情,他也会以同样高涨的热情对待你;你喜欢他,他就会喜欢你。如果你总是给人家钉子碰,怎么可能让别人成为你的朋友呢?

德国著名作家歌德曾说过:"一棵树上很难找到两片相同的叶子,100个人中也难找到两个在思想情感上完全一致的人。"由此可见,你最

你在为谁学习

需要做的不是苛求自己与对方的情感思想同步,而是去寻找办法与对方和谐相处,取长补短,这才是交朋友的最终目的。

人,都有自尊心,谁都不希望自己的自尊心受到伤害。在交往中,自尊心的具体表现就是希望得到人们的尊重。

同学之间的交往,相互尊重是非常必要的,相互诋毁只能造成彼此伤害。某班班长刘帅,性格耿直,办事公正,敢说敢为,一心为班。有一次,班上的吴茵同学违犯了纪律,刘帅不顾好朋友的面子,批评了她。吴茵因此认为刘帅不够朋友,慢慢疏远了刘帅。但刘帅并不为此对吴茵有什么成见。吴茵出现情绪波动,她就耐心劝说,即使碰到吴茵不领情,也还是真心一片、一如既往地对待她。

有几次吴茵有意为难刘帅,让她在同学们面前出洋相,而她也没有责怪;吴茵做了好事,刘帅也同样表扬。对班上的管理,当吴茵提出合理的建议时,刘帅也十分尊重地接受……慢慢地,吴茵觉得自己对不起刘帅,就写了张字条给她:"对不起。当我犯错误时,你批评我,你是对的;当我使你出丑时,你还一样地尊重我,没有怨恨我;而当我提建议时,你也一样地尊重我,采纳我的意见,还表扬我。你真是我们的好班长!我错了,我俩还和以前一样相处,行吗?"

每个人都希望有一个和谐的人际关系,希望生活在安全的环境之中。得到别人的尊重,使自己感受到自身的价值,也寻找到了自己生活中的位置。人们往往觉得最尊重自己的人也最可爱,因而特别愿意同他接近。所以说,尊重同学也是一种征服。

中国有句俗话:"良言一句三冬暖。"赞美的话、鼓励的话、友善的话,在人与人的相处中起着催化剂的作用。几句温暖的话,可能对人的一生非常重要,它可以成就一个人。相反,那些刻薄的话,也许会使对方怀恨终生。

（一）与人开好的玩笑的好处。

同学之间在一起时免不了要开玩笑。心理学家研究表明，好的玩笑，至少可以给人带来以下四点好处。

1. 可以使人获得情绪能量的释放

当你开怀大笑时，内心的紧张约束突然消失了，有人戏称这是"自由的爆发"。

2. 可以活跃群体心理气氛

没有玩笑、说笑的群体，心理气氛是凝固的，在这样的心理气氛中生活、学习，人不会十分愉快。所以，好的玩笑，对任何群体都是有帮助的。

3. 可以增强彼此间的亲近感

你愿意同别人开玩笑，这表明你对别人不见外。所以，好的玩笑是人际关系亲善的信号。

4. 可以使人在笑声中得到启发

一个好的玩笑，可以让人受到教育，增长知识，该匡正的匡正，该变通的变通，若能这样，人就会在玩笑中变得聪明。但是，低级庸俗的或者"开过了头"的玩笑，则是一种恶作剧，有百害而无一利。

（二）同学之间究竟怎样开玩笑才能有益无害

人际心理学家认为，人在开玩笑的时候有以下几戒。

1. 不看对象

开玩笑要因人而异。具体来说，就是要注意对方性别与性格。

2. 不分性别

开玩笑要"男女有别"，切不可过"重"地对女同学开玩笑，使其下不了台。对那些性格内向、多疑好猜、抑郁寡欢的同学，更要注意分寸。

3. 不看场合

一般说来，严肃、静穆的场合不应开玩笑；在喜庆的场合，要注意自己所开的玩笑能否给喜庆的环境增添喜悦气氛。

4. 不看时间

开玩笑也要看时间。例如，自习时教室内是需要安静的，如果有人开玩笑，你追我赶，会影响自己和其他同学的学习，这就成了与学习"开玩笑"了。

5. 不问心境

人逢喜事精神爽。当同学心情愉快、语言气氛活跃时，可以适当地多开一些玩笑，即使重一些也无妨；反之，当对方心情郁闷、情绪低落、不爱交谈时，就不宜开玩笑，否则将自讨没趣。

6. 取笑缺陷

每个人在生理上、心理上都可能有一些缺陷，这些缺陷会使人遗憾、烦恼、痛苦、自卑。一个有良好道德修养的人是不会把别人的这些缺陷当作笑料的。

7. 搞恶作剧

有的学生冒名谎报病情、谎报火警，造成了严重后果，类似这样的恶作剧，千万要不得。

8. 不讲分寸

开玩笑也得讲分寸，不可只图自己的兴趣、痛快，而不顾对方是否能接受，开起来就乱说一气，没边没沿，没完没了。此外，"君子动口不动手"，说说笑笑便可以了，不可动手动脚。因为一旦动起手脚，其结果常常假戏真做，既伤皮肉又伤感情。

第四篇

采取正确的学习方法

你愿意事倍功半还是事半功倍？学习本身也是一门学问，有既定的方法和规律，我们要从"苦学"、"好学"转变到"会学"，采取正确的方法，拿出正确的行动，转"苦"为"乐"，轻轻松松学出好成绩。

第四篇

第九章　好方法创造高效能

第一节　心到法：思考才是硬道理

亲爱的少年：

　　学习问题的出现就像是太阳日升夜落一般自然，你会遇到林林总总的问题，如果能够建立起善于解决问题的思维，那将被视为学习的重要资产。

　　正视问题的存在，并通过缜密的思考，才能找到解决问题的正确方法。

　　一名男子在距离岸边大约30米的地方划着一艘小船，他虽然使劲地划，但船身就是不动。岸边一位老人家看到这个情况，并且注意到船身漏得很严重，已经往下沉了。老人家大声喊这个划船的男子——他又忙着将水舀出船外而无暇理会其他。最后老人家只有扯开嗓门叫道："你要是再不上岸把船补好，你就要沉下去了！"

你在为谁学习

"谢谢!"划船的男子回答道,"不过我没空去补船的裂缝。"

我们在现实生活中都遇过类似的状况,使尽了全身的精力,也只能勉强浮在水面上,就像那位划船的男子一样,把舀水与划船当成了一切的重心。如果我们能花点时间,思考解决问题的根源,而不是死命地和问题的症状对抗,那么我们也不会如此疲惫不堪。不管遇到什么样的难题,我们都需要通过思考,找出解决问题的根源。

我们的思考不仅在于寻找答案,还要敢于怀疑。马克思的女儿曾问马克思:"您的座右铭是什么?"马克思回答说:"怀疑一切。""怀疑一切"这句话道出了人类进步的普遍规律。缺乏怀疑精神,容易导致盲目轻信。

一位法国教育心理学专家曾经让法国的小学生和中国的小学生同时完成下面这道测试题:"一艘船上有86头牛,34只羊,问:这艘船的船长年纪有多大?"超过90%的法国小学生对这个题目提出了异议,认为这道测试题根本没办法回答,甚至嘲笑老师的"糊涂"。显而易见,这些学生的回答是对的。而中国小学生的回答情况恰恰相反:有80%的同学认真地做出了答案:86-34=52岁。只有20%的同学认为此题非常荒谬,无法解答。

这位法国教育心理学专家很惊讶,两国小学生的答案为什么会出现这么大的差别呢?他通过对中国这80%小学生的调查后发现,他们之所以做出令人匪夷所思的答案,是因为他们认为:"老师平时教育我们,只有对问题做出回答,才可能得分;不做的话,就连一分也得不到。老师出的题总是对的,总是有标准答案的,不可能没办法做,也不可能没有答案。"

有关考察资料表明,中国的学生,在基础知识和基本技能方面与国外学生相比,有明显的优势,再加上有刻苦钻研的精神,所以在一些知识性、技能性的国际竞赛中总是处于领先地位，但在创造性活动中，在创新能力方面往往不能显示优势。

古人云："大疑则大悟，小疑则小悟，不疑则不悟。"心理学研究也表明，怀疑最能够引起定向探究反射，有了这种反射，思考也就应运而生。怀疑是在接受一种事物或认识时的不确定和再思考，这是对迷信盲从的一种进步和主体性觉醒。

一个事物只有被怀疑，才会被关注，被思考。一些怀疑通过思考走向肯定和认同，一些怀疑则因思考而深化，并通过批判而达到创新。正是怀疑精神的存在，才使一切创新和发现、发明成为可能。

第二节 眼到法：目光转向书本重点和黑板

亲爱的少年：

一个厨师，被人称道的往往不是他会做多少菜，而是他究竟有什么样的招牌菜，只有这才是他的看家法宝。

一名演员，只有最经典的那些角色才能留下深刻印象，让人难以忘怀，但从来都没有所谓的通才型演员。

一个运动员，必须专注于一项运动，坚持不懈，才能在相应的领域中取得令人瞩目的成绩。

课堂重点是教材内容的浓缩与精华，是众多知识点中的核心。掌握了重点，就是掌握了最关键的部分，就能够带动全面，使其他问题迎刃而解；明确了重点，就把握了课堂的精髓，就能够由此及彼，达到触类旁通

你在为谁学习

的境地。

何为重点呢？

重点就是老师反复强调的东西。

一般来说，课堂上的重点有两个方面的标准：一是知识内容上的重点；二是学科特点上的重点。

在知识内容中，基本概念、基本原理、基本关系式等都可以看作是重点，不同的老师对这些重点突出的方法不同，比如在讲到时提高声调，或者反复强调，或者突然放慢语速，或者在黑板上用彩笔勾勒或做上特殊的标记，这些都是同学们需要引起注意、提高注意力的地方。

从学科特点看，不同学科的重点是不一样的。例如，物理、化学、生物是以实验为基础建立起来的，因此在听这些科目时要特别注意观察实验，在获得实践知识的基础上，进一步通过思考、概括，得出科学的概念或规律。代数的内容体系是通过运算种类的增加和数域的扩大展开的，而几何的内容则是通过由简单图形到复杂图形的认识逐步加深的，学习起来要抓住知识发展的脉络，通过大量的演算、证明等练习，获得数学知识，培养数学思维能力。语文、外语则又和理科不同，主要学习字词句章等基本知识，因此听课时要抓住听、说、读、写等重要环节，培养自己的语感，提高阅读和写作的能力。

小明在班上的学习成绩一直很好，但他并不像其他同学那样在上课时一直奋笔疾书记笔记。老师对此感觉到很奇怪。因此开始上课留心观察起了小明。

老师讲课的时候注意到，小明从上课开始时，双眼就一直集中在黑板上，而手里则拿着书，根本就没有记笔记的本子。当老师讲到重点的时候，小明就在书上相应的地方勾画一下。而对于老师的重要板书，小明则会直接记录在书上相对应的部分，而不是把整个板书都抄下来。

在一次考试后，老师让这次又取得第一名的小明分享一下学习经验，小明说道："我的学习方法其实很简单，就是课前把要上的内容预习一下。然后在上课的时候把所有的注意力都集中在老师的讲课内容和板书上。对于老师所讲的重点，因为课前都预习过，所以直接能找到在书上的什么地方，而把重点板书直接记录在书上。这样在复习的时候，能够对应起来，复习就起到事半功倍的效果了。"

小明的方法无疑是一种很好的学习方法，而对于讲课当中的重点，我们又应该怎样系统地做呢？

1.注意老师的开场白和结束语

许多同学在听课时往往忽视了这一点。他们错误地认为，开场白不是"正文"，可听可不听；结束语则是"正文"的重复，既然正文已经说过了，那就不用再听了。

其实，老师的开场白虽然只有寥寥几句，但概括了上一节课的要点，引出本节课要讲的内容或点明本节课所要达到的要求，是从旧知识过渡到新知识的桥梁，有承上启下的作用，也是本堂课的纲要。结束语的话也不多，但短短几分钟便把本节课的重点画龙点睛地小结出来了，并进一步指出在应用这些知识解决实际问题时应注意的事项等，具有高度的概括性，对学生建立清晰的知识结构十分重要。因此，把握住老师的开场白和结束语，也就把握住了整个课堂的精华。

2.注意老师的板书

老师的板书往往是所讲内容的纲目，或是本节课的要点、重点与难点，或是老师认为大家掌握起来特别容易出问题的地方。注意老师的板书，就抓住了老师讲课的主要内容，然后把这些内容从头到尾连起来，就构建起了这部分内容的框架。

3.注意老师反复强调的部分

老师在课堂上反复关注、讲课中反复强调的，在板书中用彩笔勾画出来的，以及提醒要求大家注意的，都是重点知识，必须重点加以关注。老师作为过来人，在讲述基本概念、基本原理和基本关系式时，深知什么是关键内容，所以要反复强调、重点讲解。老师积累了多年的教学经验，了解初学者可能会在什么地方产生错误理解，讲课时就会有针对性地对各种似是而非的错误理解加以剖析。所有这些都是教科书上没有的，只有全神贯注地听讲和积极地思考才能领会与掌握。

如果一个人在课堂上从头到尾都听得很认真，什么都努力往脑子里塞，那么往往一节课上完了，反而会觉得什么都没学到。因此，学会捕捉课堂重点十分重要。

第三节 耳到法：听课听进耳朵里

亲爱的少年：

作为学生，应当在听课时专注投入，紧跟着老师的思维，这样才能深刻领会老师所讲授的内容。在必要时，还应把要点和自己的感受记录下来。

生活中，很多孩子之所以无法取得好成绩，就是由于在学习中注意力不集中导致的，坐在书桌旁发呆或者手捧书本想入非非，这样的状态怎能学好知识呢？因此我们必须从小养成专心致志的好习惯，专心是学好知识的前提和保证。

一个成绩较差的小学二年级的学生说："学校教的课程太枯燥，没趣味，上课我也不注意听讲。放学回家，我妈妈虽然逼我复习，但我心不在焉,复习的时候,我总想着动画片,什么都记不住,考试成绩不好,总挨我妈训斥。但我一看动画片就高兴,别的什么都忘了,动画片里的情节却记得很清楚,有时在上课时,动画片的情节还会突然在我脑海里浮现出来。"

这个孩子的问题不在于笨,而在于注意力不集中。这种情况在各年龄段的孩子中都存在。

我们经常说的分心,就是在听课时注意力被别的事情吸引过去,离开了听课的内容。例如,有的孩子上课时思想上开小差,当老师叫他的名字的时候,他竟然没有听见,一脸漠然,或者东张西望,甚至问他的同桌:"老师在叫谁啊?"结果引起全班同学的哄笑。

其实,人无法在一堂课45分钟的时间里一直集中注意力听课是很正常的,所以要学会合理安排注意力的时间。许多会学习的学生很注意听课的开头和结尾,其中,注意开头就是使自己尽快进入学习状态的有效方法。上课的铃声一响,当你坐进教室,就应迅速进入学习的积极状态。利用从预备铃声到正式上课之间的一两分钟时间,你可以回忆与本节课老师讲过的上节课内容,你也可以回忆预习课文时遇见的问题。这样在听课时,自然会很快进入角色。有经验的教师为了调动学生的注意力,尽快切入课题,往往上课一开始便会启发性地提出问题,引导学生思考,这时同学们应顺着老师的思路,把自己带入课堂。

有的同学认为只要上课听讲了,并且做了笔记,就是参与课堂学习了,这实际上只是在外在形式上参与了课堂学习。少数同学人在课堂上,眼神飘忽,东张西望;或者人虽端坐,却面无表情,神游天外;一些低年级的同学还可能上课做小动作、玩东西、讲话、传纸条、和邻座的同学挤眉弄眼、给老师或同学画肖像等。这些都是最为典型的人在课堂而心不在课堂。心理学知识告诉我们:人在注意某一事物时,大脑皮层的相应区域就会产生一个优势兴奋中心,这个优势兴奋中心是大脑皮层对刺激物进行

你在为谁 学习

分析和综合的核心，因而能对注意到的事物产生清晰和完整的反映。同时由于兴奋与抑制的相互作用，大脑皮层其他区域所受的刺激就会在一定程度上受到抑制，因而会忽视同时存在的其他事物。如果大脑皮层同时有几个兴奋中心，就会出现注意力分散的现象，即通常所说的分心和走神。

很多孩子听说过这样的故事：牛顿在思考问题时把怀表当鸡蛋放进了锅里，陈景润冥思苦想哥德巴赫猜想时撞到树上还连声说"对不起"！这都是因为他们在思维活动中注意力高度集中的缘故。专注是学习和思维活动中的一项优良品质，人只有在专注时才能进入最佳学习状态，思维才能高度活跃、敏捷，有时甚至会产生绝妙的灵感。因此，同学们在课堂上应排除一切干扰，克服一切不良习惯，全神贯注地听好每一节课。

人的注意力不可能长时间地保持固定的状态，而是会随时间延长而加强或减弱，这就是指注意力的稳定性。中学生的持续注意力一般在20分钟左右，随着年龄的增大，注意力的保持时间也在延长。根据这一特点，有经验的教师常常在一堂课内以几种不同的形式组织教学，如讲授15分钟新课后，安排一定时间的讨论或进行随堂训练，或穿插一些演示实验操作，或在短暂的时间内以诙谐的语言调节一下课堂气氛，以避免出现听课疲劳的状况，维持学生注意力的稳定性。在学习过程中，孩子应掌握这一规律，主动跟上教师课堂上对注意力调换的节奏。有的同学不重视注意力的调换，往往一堂课下来觉得很累。也有的同学注意力调换以后，不能随着教师的节奏重新回到原来的学习中，如教师已经停止实验操作开始讲授新课，而这些同学的注意力仍停留在已做完的实验上，或是仍停留在教师安排的某些有趣的课堂讨论上，不能根据新的学习要求，主动地从一个对象转移到另一个对象上。同注意力的稳定性一样，注意力的及时转移也是注意力的一项重要品质。因此，孩子在平时的学习实践中应有意训练自己的注意力，以培养良好的注意品质。

在教学过程中，教学内容是教师根据教学大纲的要求，在课前就已经拟定的。学生听课的过程中出现的问题，若不能当即提问解答，可以先放下，继续听讲后面的问题。切忌死死纠缠着某一问题一个劲儿地往里想，结果中断了听课的连续性，造成一步掉队步步跟不上。应使自己的听与教师的讲课同步，至于遗留的问题，可以在其后适当的时候提出，或在课后与老师、同学讨论求得解答，有的时候前面遗留的问题会在后面的听课中自动解决的。实践证明，听课时存疑，带着某些问题听课，会使后面的听课更专注，思维更深入和活跃，且往往能提出一些较为深刻的学习问题。

第四节 口到法：勤问才有求知欲

亲爱的少年：

你们听过"山重水复疑无路，柳暗花明又一村"这句话吗？学习兴趣就是在不断的探究之中变得越来越浓厚。牛顿发现万有引力，瓦特改良蒸汽机，都是来源于日常生活中常见的现象加上问号，然后去钻研，并从中悟出道理来。因此，平时要留心观察一切事物，多给自己提一些"为什么"。

诺贝尔奖获得者、美籍华人物理学家李政道教授一次在同中国科技大学少年班学生座谈时指出："为什么在理论物理领域做出贡献的大都是年轻人呢？就是因为他们敢于怀疑，敢问。"他还强调："一定要从小就培养学生的好奇心，要敢于提出问题。"

还有一次在给学生做报告的时候，他忽然把身体侧过去，让学生看他的头的侧面形象，并比画说："假如由我的眉毛沿着额角、头顶、后脑勺直到脊柱，画一条弯曲的线，那是标点符号的什么号

你在为谁学习

呢？"学生们立刻回答说："问号。""对了，我们人类头脑的侧面形象就是一个大大的问号。人生在世，一定要勤于、善于提出问题啊！假如我们不善于提出问题，我们就对不起自己，就不配称个人！"

也许他的最后半句话说得有点儿重，但是他的这两次讲话却非常清楚地道出了问问题的重要性。

一方面，好奇心、求知欲、兴趣是互相促进、彼此强化的；另一方面，三者又是沿着好奇心——求知欲——兴趣的方向发展的。因此我们一方面要促使好奇心尽快地向求知欲发展，最终培养良好的学习兴趣；另一方面也要珍惜好奇心，增强求知欲，提高兴趣水平，使这三种心理因素都得到培养和发展。这样，学习活动才能顺利开展，学习效果才能得以提高。

我们在日常生活中，如何才能做到善于发问呢？

1. 培养"问题"意识

要在观念上转变一种对学习的看法，那就是学习不仅仅要记住知识，还要学会发现问题，提出问题。如果你在心里只是认为学习就是听课、看书、做作业，就是努力记住所学的东西，那么你就不会主动去发现问题，提出问题，更不要说解决问题。

大家应该听过守株待兔的故事，很多人听到这则寓言时都会一笑了之，很少有人会想到从这则寓言故事里会引出一个科学上的发现。一位细心的生物学家想："为什么兔子会自己撞到树上？"后来，他不断研究，终于得出了结论：兔子的眼睛长在头的两侧，两眼所成的像并不能完全重合。因而，在它的正前方有一小片盲区，当它被敌害追踪时，完全有可能慌不择路，撞树而死。

这位生物学家正是有了"问题"意识,才让他在科学领域有了新的发现。所以,对一个青少年来说,要学会有疑而问,由问而思。

2.要敢于问问题

习以为常、耳熟能详、理所当然的事物充斥着我们的生活,使我们逐渐失去了对事物的新鲜感。经验成了我们判断事物的唯一标准,存在变成了理所当然。随着知识的积累、经验的丰富,我们变得越来越循规蹈矩,越来越老成持重,于是创造力丧失了!想象力萎缩了!

换个角度想问题,勤于思考,往往会柳暗花明,给我们带来惊喜。

伽利略是意大利著名物理学家和天文学家。他在母校比萨大学任教时,做了一件令科学界大为震惊的事情,那就是他否定了当时的物理学权威亚里士多德的理论——"物体降落的速率和该物的重量成正比"。当时比萨大学的师生绝大多数是相信亚里士多德的,在这种情况下,25岁的伽利略没有盲从权威,而是提出质疑,向权威挑战。

他选择了比萨斜塔作为实验场所,请来了许多教授观看他的实验。他带来两个铁球,一个重1磅(1磅约为0.45千克),一个重10磅。他站在斜塔上告诉观众们:"这两个铁球,一松手会同时落地。"这时,下面的人群纷纷嘲笑起来,骂他是个疯子,甚至有人还高呼:"亚里士多德的理论万岁!"伽利略最终以事实回应了所有的嘲讽和压力,他一松手,两个大小不一的铁球同时落地,实验成功了。

由此可见,权威理论也只是在一定时期一定场合才适合,它不是万能的,只有敢于提出问题,才能发现新的契机。

3.要善于提问题

鲁迅之所以常有独到的见解,是因为他从来不满足于现成的结论,遇事喜欢问一个"为什么"。他在五四运动时期发出的第一声呐喊就是:

"从来如此,便对么?"正是从这个令人震惊的"问号"出发,他破除了几千年"从来如此"的传统观念,揭开了"吃人"——这个封建社会的秘密。

设疑概括地说,主要有下面两种方法。

一是分解整合。就是把一个问题从不同层次和不同角度分解成几个小问题来问,然后再加以概括归纳,这样比较容易把问题讲清楚。

二是阶梯设疑。就是设计的问题要由浅入深,由易而难,步步推进地解决问题。切不可好高骛远,试图一锹挖口井,一口吃个胖子。

4. 向尽可能多的人请教

唐代文学家韩愈说:"圣人无常师。比己强者,等于己者,不如己者,均可以问。"凡有长处的人,我们都应向他们学习,比如本班或是其他班的老师、长辈、同学,等等。

另外,如果自己对网络比较熟悉,而且上网比较方便的话,也可以在网上的相关论坛提出自己的问题,请人解答,或是通过电子邮件等媒介,请网上的名师来回答。

5. 记清问得的答案

人之所以有问题,是因为对某一方面存在疑问。如果能够将疑问解决,得到答案,这就是提高。但是,如果只满足于问,而问过之后就抛之脑后,那样价值就不大了。为了提高后继效果,可以专门准备一个本子,每次将疑问和答案从头到尾仔细地记录下来,一段时间后拿出来翻阅一遍,一定会大有帮助。

青少年遇事要多问几个"为什么",多提几个"怎么办",从事实、需要出发,去思考问题,探索问题,寻找新的方法、新答案、新结论,才能不断拥有新的发现、新的兴趣。

第五节 手到法：勤抄勤写勤记录

亲爱的少年：

你们如果仔细观察一下，就会发现，在学习过程中，有些学习好的同学在学习，习惯拿一个小本子，一边看书，一边在本子上写写画画。而另外一些同学就不是这样了，他们仅仅是看书罢了。

我们都知道，学游泳时，一般都是先在陆地上学如何摆动手脚。但是，即使在陆地上学得再熟练，如果不下水试试，是永远学不会游泳的。

同样的道理，我们在记忆某种知识的时候，仅仅往大脑里灌输，是起不了什么作用的。应该动手去"写"，在"写"的过程中使知识在脑海中留下清晰而深刻的印象。比如，在准备数学考试的时候，有的人只是盯着习题的解答方法，想在"看"的过程中将其牢记，而不愿用笔去亲自解答。这是不对的。要牢记某种知识，边写边记才是最确实可靠而且行之有效的方法。

晋朝的左思，小时学业平平，受父亲的严厉责备后发愤苦读。他在室内的门上、墙上，甚至厕所里，凡是他生活中能经常接触到的地方都挂着笔和纸。他读着想着，只要看到或想到好的思想、语句，就随时随地记下来。日积月累，他终于积累了真才实学。这些笔记，为他的创作储备了取之不竭的财富。后来，他写的《三都赋》轰动京华，人们竞相传抄，一时纸价大涨，留下了"洛阳纸贵"的佳话。

俄国文学家果戈理被称为"笔记迷"。他说："一个作家应该像画家一样，身上经常带着铅笔和纸张。"有一次，他邀请朋友到饭店吃饭时，对饭店里的菜单很感兴趣，便拿出笔和纸抄了起来，以致忘了招呼朋友。朋友不高兴地问他："你是请我们来吃饭的，还是来陪你抄菜单的？"果戈理赶忙道歉，这才去了朋友的怨气。后来，这个菜单出现在他写的一篇小说里，使小说里的乡土气息更加浓厚了。

前人的经验告诉我们：读书学习必须勤于动笔。笔记是将他人的东西转变为自己东西的一个必然过程。多做读书笔记，有利于积累有用的资料，提高文字表达能力，也有利于训练思维的逻辑性和条理性。因此，我们每个人从学生时代起，就应该学会做笔记的方法，培养做读书笔记的习惯，一定会终身受益。

用手写字，看起来很容易，但是深入地分析一下，就会发现该过程是相当复杂的。首先是以眼观事，以耳听事，然后将这些看到的、听到的信息传给大脑，再由大脑发出信号、指挥手的动作，在手臂肌肉的协同努力下，才写出字来。

写的动作，不是由手控制的，而是由大脑控制的，大脑越训练越灵活。所以平时自认为记忆力不佳的人，可以培养起"多写"的好习惯，你会为自己记忆力的进步而大吃一惊。

"写"是最有效的记忆方法之一。它的第一个阶段就是"边看边写"。光是"看"不足以抓住要点，"看着写"就可以捕捉到未曾注意的细节，将模糊的记忆跟正确的事实进行比较。

第二个阶段就是要试试"边背诵边写"了。为了达到这个目的，你就必须对需要记忆的事项做彻底的了解。因此，当你无法做到第二步时，就不得不返回到第一阶段，把必须记忆的东西重新背好，再进入第二阶段。如此多次的反复，再难的东西也能够牢牢记住了。

勤动笔的另一种方法就是做笔记。在课堂上，恰当而合理地做好笔记是非常重要的。每一个学习成绩优秀的学生一定是做笔记的高手，他们能够体会到记笔记的重要性，而且知道如何去记好笔记。总的来讲，笔记应该发挥这样几个作用：一是帮助理解和巩固所学的知识；二是整理自己的思路，加深思考；三是通过学习过程的记录，总结自己的学习方法；四是使模糊的认识和疑点变得明确。

所谓的记笔记，并不是在笔记本上重新抄录教科书已有的内容，这无疑是多此一举，用不着如此费力耗时；而且笔记内容如果连自己都不晓得哪些内容是写在哪里，杂乱无章，那就更无法发挥笔记的功用。笔记务必发挥"超级词典"的作用，记的原则是将必须知道的基础性知识和应用项目，有条不紊地整理成册。

做笔记并不是愈详细愈好，它的价值是在于用心听课后，把了解透彻的内容，以自己的语句重新写出来。所以，笔记的内容必须简明扼要，做到只需瞄一眼就知道那一堂课的内容大纲，而不必有一句记一句。列这样的大纲，需要花一点脑筋，才能整理出来。

那么，课堂笔记到底该记些什么呢？一是记老师的板书。这些是老师讲课的思路，也是重点内容，如基本的大小标题，基本定义、原理等，力求准确。还有在分析问题的过程中老师在黑板上画的图形、表格、文字说明、关键词语、有说服力的数据、典型事例等。二是要简明扼要地概括记录老师的讲解内容，特别是例证，一定要尽量记录。三是记下自己在听讲过程中突然产生的对解决某个问题有启发意义的灵感或殊途同归的解题思路，尤其是自己认为的最佳方案。

笔记与通常书本不同，它主要是一种供我们复习用的纲要式文本，因此在版面形式上也要注意与一般书本区别开来，要力求做到简明扼要、形象生动、一目了然。重点、难点、疑点要记全，但不必照抄老师的原话，否则会因忙于记笔记而顾不上听下面的内容。同时，笔记不要写得太密，最好在一页纸的左边、右边或下边留有空白，以便以后做补充。好的笔记还应有自己的独特记录方式，包括各种各样的记号、彩色标记以及在课后复习过后留下的痕迹和进一步的疑问，同时还应该在笔记边缘处列出小标题，以便于课后整理。记好笔记本身就是一种学习，善待了自己的笔记才

你在为谁学习

能说是真正善待了自己的学习。

对于课堂上做的笔记，在课后要进行及时的复习，可以采用以下两种办法。一是圈点法。运用自己熟知的符号，如"圈""点""线""框"等，圈定老师讲解的知识重点，锁定目标，便于今后复习时掌握重点。注意标示位置要恰当，目的要明确，切不可"鬼画符"，似是而非，在课后整理的时候自己也看不懂。二是文字压缩法。上课认真细致地听讲，留心老师反复讲到的地方。边思考边把重要的知识要点在相应的地方记录下来，只记几个重要词语，其他一律用省略号代替。对不清楚的记录要利用休息时间进行整理，切不可贪多求全，把记笔记当成听写训练而忽略对知识的"消化"。

勤动笔的好习惯应该注意从小养成，这样你的学习劲头也就会越来越大。经验长知识，实践出能力，只有在不断的、长期的实践中才能培养起来。这就要求自己不怕吃苦，也不要怕做不好。

第六节 足到法：勤考察勤实践

亲爱的少年：

你知道吗？培根"知识就是力量"的口号提出以后，又明确指出："各种学问并不把它们本身用途教给我们，如何应用这些学问乃是学问以外的、学问以上的一种智慧。"也就是说，有了同等知识，并不等于有了与之同等的能力，掌握知识与运用知识之间还有一个转化过程，也就是学以致用的过程。

如果有知识不知应用，那么拥有的知识就只是死的知识。死的知识只是一堆材料，不能产生智慧和力量。因此，在学习知识时，不但要让自己的头脑成为知识的仓库，还要让它成为知识的熔炉，把所学知识在熔炉中消化、吸收。

一位初中生写了一篇谈"学以致用"的作文：

在这个星期里，我们班就发生了这样一件事。星期一下午，我到化学实验室去上化学课，实验一点一点地进行着。但在离下课还有两分钟时，我意外地发现，在我做试验的那个实验桌抽屉里，居然有一个崭新的电子词典。要知道，我昨天才买了一个，今天又捡了一个，真是太走"狗屎运"了！"丁零零……"这时下课铃响了。化学课老师离开了实验室。这可怎么办呢？

就在这时，小朋走到我的身边，惊奇地发现我的手里有一个电子词典，就问："你怎么有个电子词典呢？莫不是你捡来的吧！"等他知道真相后，就感叹道："你太走运了，反正你已经有一个了，不如把这个给我吧！"唉，这个小朋，又打鬼主意，我在心里说。而嘴上却说："这怎么行，这是别人的财产，你无权动它。"一路上，有几个同学都向我提出这个问题。莫不是所有同学都有着这么强的私心？我心里不禁产生了疑惑。

"小明，我捡了一个电子词典，你要不要？"我故意这样问。"真的，这样的好事我求之不得呢！"我一听到这个回答，心里马上凉了半截：连思想政治课成绩很不错的同学都这样说，这个世界真是太灰暗了。

在思想政治课中讲过："捡到他人遗失的钱物不归还是违法的行为。"照这样说，如果我们班的同学捡到了东西归为己有的话，就会违反法律。学习了知识就要应用到实际生活中去，思想政治也一样，思想政治是用来美化我们的思想，提高我们的道德水平的，如果我们学了思想政治而不运用到实际生活中去的话，那就等于白学。课堂40

你在为谁学习

分钟也就浪费了!

同学们,请你们记住"学以致用"这个成语,你们的成绩、能力都会大大提高的。

一个初中生的作文简单道出了一个深刻的道理:我们学习知识不能只啃书本,而不运用。不然,你还是原来的你,没有任何改变,没有丝毫进步,这样的学习毫无意义,更无兴趣可言。

为了将学得的知识应用于实践,学生可以通过参加哪些活动来实现呢?

1. 创新大赛

这样的大赛是一项具有示范性、导向性和群众性的活动,活动的目的就是为了促使参加者能够深入理解科学技术与社会的相互关系,激发参加者对科学的兴趣。通过知识的学习、技能的掌握和活动的参与,使学生初步领会科学的方法论,提高观察能力、思维能力,从而促进学生自身科学素质的全面提高。

2. 科普活动

科普活动可以丰富青少年的科技经历,拓宽青少年的科技视野,对青少年科技兴趣、创造力、想象力的培养有不可低估的作用。科普活动的另一个很微妙,又很重要的作用就在于,它能吸引原本对科学学习无兴趣、无积极性的青少年学生。很多在学校讨厌上科学课的学生,在到科技馆参与动手型科学探究活动之后,改变了对科学的看法。

一位中学生在参加完科普夏令营后,写下了这样的文字:

"我乘坐了磁悬浮列车,感受了那风驰电掣般的速度。我又去了科技馆,开始了那神奇的科技之旅。整个科技馆以自然、人、科技为主题,有生物万象、地壳探密、智慧之光、设计师摇篮、视听乐园等诸多展区。每个展区主题鲜明,知识含量丰富,从实物、模拟、图像、文字、声音到讲解的内容、形式都让我充分感受了科技的奥秘与科学的魅力。这次活动集知识性、趣味性、体验性于一体，让我沉醉其中。同时，我深深感受到了现代科技的飞速发展，也萌发了不断学习、紧跟时代步伐、长大为社会作贡献的美好愿望。"

3.征文比赛

"作文就是老师让写的，考试要考的，仅此而已。"正是这种认识上的误区，直接导致学生对于写作的兴趣不够，主动性差，也从而影响其写作能力的提高。

事实上，写作是我们人类的一项基本活动。我们要较好地与人交流，就必须具备较好的写作能力。这也就是我们要写作文的根本原因。

尽可能多地参加征文比赛，在实践中不断锻炼写作能力。用这种形式提高写作能力，效果是非常明显的。

4.演讲比赛

要知道，一个善于演讲的人必定是一个有着良好语言表达能力的人，也一定会有丰富的知识、优秀的心理素质，而这些都将是青少年未来事业的有力支撑。

古今中外，深具影响力的人士中99%都是演讲高手，都是善于与公众沟通的大师！正如英国首相丘吉尔所说："一个人可以面对多少人，就代表这个人的人生成就有多大！"

所以，我们要抓住难得的机会，在众人面前体验激情的演说，把自己的思想、习得的知识用这种最好的方式传播出去。

儒学大师朱熹提出，"先须熟读，使其言皆若出于吾之口，继以精思，使其意若出于吾之心"。学习的目的在于将其应用，指导人们的生活。通过应用，学习者体会到了学习的用途和乐趣，从而才愿意更加深入地进行学习。学习——实践——学习，如此良好的循环方式，周而复始地进行下去。

第十章 好行动带来好成绩

第一节 预习：学习成功的第一步

亲爱的少年：

美国现代心理学家布鲁纳说："知识的获得是一个主动的过程，学习者不应是信息的被动接受者，而应是知识获取过程的主动参与者。"孩子们，你们在学习的过程中，不能把自己作为知识的被动接受者，只是听老师讲课，而应当主动地在课前预习，做知识的主动获取者。"凡事预则立，不预则废"，对于学习，我们都知道，养成预习习惯是十分重要的。

懂得预习的学生，才能学会如何自我学习，从而提高成绩。预习虽然是按照书本上的内容进行，但是主要是通过自学来掌握关键内容、思考难点，尝试解决遇到的问题，这是对思维的一种有效的锻炼。有效的预习能够使学生带着问题听课，对自己不懂的相应内容会特别注意，如果发现老师讲的和自己想的不一致，就会认真听老师讲解，直到弄懂为止。

此外，预习的过程要求我们自己独立地阅读和思考，经过长时期的训练，我们就会逐步地掌握阅读方法，加快阅读的速度，提高思维的敏捷性。同时，阅读能力的提高，还有利于培养我们的分析综合、归纳演绎、抽象概括、推理判断等能力。久而久之，课前预习就会成为我们自觉的学习行为，我们就能自己制定学习目标，并逐渐形成受益终生的自主学习能力。

那么，对于学生来说，我们该如何预习才会更有效呢？预习的方法有很多，主要可以概括为以下几个方面。

1. 回顾学过的知识

在预习新知识的时候，我们要首先复习巩固已经学过的知识，以发现自己掌握知识的薄弱环节，然后在已经学过的知识的基础上学习新的内容。在遗忘规律的作用下，我们学过的知识很可能已经记不清楚了，这样会对学习新知识造成障碍。如果缺乏一定的知识基础，对课堂上老师讲的新课就很难迅速理解，进而影响对后面知识的掌握，所以，我们在预习前首先要先回顾以前学过的相关知识。

2. 认真阅读

预习开始时，首先要把新知识从头到尾进行简单的浏览，了解知识脉络和基本内容，扫清字词障碍，确定基本内容和思路。然后再逐字、逐词、逐句地认真阅读教材，尤其是教材中的概念、公式、定理等，要用笔把重点画出来，我们还要把相关的要点加以剖析、理解，遇到自己解决不了的问题要做出记号，以便在老师讲解时作为自己听课的重点，即通过阅读至少要初步搞清楚"是什么"的问题。

3. 积极思考

对预习中感到困难的问题。我们要先思考，如果是基础问题，我们可以用以前的知识试试看能不能解决；如果是资料型的问题，则可利用各种手段查找资料和答案；如果是比较难的问题，可以先记下来，然后在课堂上认真听讲，通过积极思考去解决。这样有利于提高我们对知识的理解，养成良好的思维习惯，即通过积极思考解决"为什么"的问题。

4. 主动交流

预习时我们可能会遇到认识模糊的问题,这时如果通过思考不能解决,则可以与我们的父母或同学进行讨论,在与父母、同学的交流与探讨中找到正确的答案。如果还不行,则可把问题反馈给老师,以便老师在课堂上作为要突破的难点,重点加以剖析。

5. 勤做记录

在课前预习时做学习笔记是很有必要的,笔记内容主要包括阅读时的初步体会和心得,对读明白了的问题的深入理解,对疑难问题的简单记录和思考等。

6. 自觉检测

预习的效果只有通过检测才能反映出来,我们在预习完成后可以充分利用教材上的练习题对自己的预习效果进行检测,把典型的例题做一做,这样一方面可以加深理解,另一方面也可以发现自己还有哪些知识没有掌握好,把问题带到课堂上解决,即通过检测解决"怎么用"的问题。

养成课前预习的习惯,不仅可以让我们的学习变得更加主动,而且可以使我们的学习有针对性,这对于培养我们的自学能力和创新意识都是十分有帮助的。

第二节 复习:凡事预则立,不预则废

亲爱的少年:

凡事预则立,不预则废。复习也是这样。试想,如果没有一个好的复习计划,复习的时候就不知道该从哪方面切入,也不明白自己该加强哪方

面的知识、弥补哪方面的不足,这样,复习就不能取得好的效果,考试考不好也是在意料之中的。因而,制订一个好的复习计划,并跟着计划走,成功地完成复习,在考试中取得好成绩就是理所当然的了。

期末考试还有两个星期就要开始了,小刚决定从今天开始要好好复习功课。这两个星期,小刚也花了不少时间来复习课本,做习题,还做笔记。可是最后考试的成绩并不是很理想。小刚很纳闷,觉得自己也还挺用功的,为什么还是考不好呢?

许多同学可能都有与小刚类似的苦恼,花了不少时间却没有达到预期的效果,这就说明复习的效率不高。

那么,怎么才能提高我们复习的效率呢?要提高效率,就要求我们把时间充分利用起来,让每一分钟都有收获。要做到这样,就要学会做计划。

做计划,就是让我们先设定一个目标,然后在一定的时间内,安排好实现这个目标的具体步骤。每一个步骤要做些什么,准备花多少时间,都要预先计划好。我们只要一步一个脚印按照预先的计划去做,一步步朝自己的目标努力,最后一定会有好的收获。

有了复习的计划,我们就等于有了一个时间表。我们平常的学习都是按部就班的,而在按照计划进行复习的时候,我们给自己每天甚至每个小时都下达了具体的任务,这样就会调动起自己复习的积极性,激发自己的潜能,督促自己集中精力完成任务,复习的效率自然就大大提高了。

有了复习的计划,复习就不会是三天打鱼,两天晒网了。我们每天都给自己规定了复习的时间和内容,这样就会养成一个良好的复习习惯,每天都坚持下来,日复一日,我们的实力就会越来越强。

那么,应该怎样制订一个好的复习计划呢?

你在为谁学习

1. 制订复习计划要量体裁衣

所谓量体裁衣，就是要根据自己平时的学习情况，结合自己的作息时间、学习场所等各方面的因素，制订一个属于自己的学习计划表。

在制订复习计划之前，要先问问自己，是否存在偏科现象，各学科的薄弱环节又在哪里。对于薄弱环节和把握不牢固的学科，我们可以多安排一些时间和精力在上面。同时，也要兼顾自己的生理状况，想一想自己一天中的学习高、低潮是什么时候，自己的作息时间如何，必要的睡眠时间是多少等，找出自己一天中的最佳时间，从而安排复习的最佳时间段。除此之外，还可以借鉴老师、同学的复习计划中适合自己的某些方面。这样，复习计划的基本轮廓就出来了。

2. 复习计划要详尽

从复习到考试这段时间，我们该按照怎样的步骤加强巩固学过的知识、提高弱项、弥补不足呢？

在复习计划里，我们可以把所要复习的学科内容大体划分为几个阶段，如重读课本、笔记整理、试卷重做、专题提高、回归教材等。或者是将复习分为四轮，如梳理知识阶段、综合系统提高阶段、考练结合阶段、常识记忆阶段。大致内容划分完后，可以具体地安排短期内的复习计划，如在本周内，外语复习哪些内容，解决哪些自己不会的东西，每天大体上干什么等。

3. 复习计划要留有余地

制订复习计划要详细的同时，也要给自己留有余地，不要"满打满算"。

俗话说，计划赶不上变化。计划毕竟只是一个写在纸上的东西，而我们的日常生活包括复习却是千变万化的。生活有时候会给我们出一些问题，而这些问题又不是在我们计划之中的。因此，复习计划要相对宽松。

让我们来看看小红今天晚上的复习时间安排。

晚上7点到8点复习数学

8点到9点复习英语

9点以后的时间复习语文

  这样的时间安排得太紧了，完全不给自己留余地。单从时间上考虑，从数学到英语再到语文，中间没有休息的时间，这样"连轴转"很容易使人感到疲劳。从复习的进度上讲，如果在复习的过程中出现了难题，如果过了规定的时间，这道难题还不能解决，这时，是要放弃这道难题直接跳到下一个科目的复习呢，还是先把这道题解答出来？这就需要调整计划，在各科目的复习后，给自己一段休息的时间，这样不仅可以让自己缓口气，清醒头脑，而且还能根据复习的难易灵活调整复习时间。

  4.复习计划要兼顾全面

  有的学生喜欢先复习擅长的科目，不喜欢的科目放在后头，或者是把自己的强项放在前面复习，弱项的复习受到影响，导致强项越来越强，弱项始终没得到实质性的提高。有很多学生在复习的过程中，把大部分的时间和精力放在做难题上，而忽视了基础知识的巩固，最后导致了基础知识不牢固的情况出现。

  其实，每个学生都有自己的强项和弱项，即便是在同一科目内，也有掌握得好的方面，和掌握得不好的方面。怎样才能做到既保持了强项，又使弱项得到提高呢？这就要求在制订复习计划的时候，合理地安排时间。不论哪一科，基础知识是基石，也是考试得高分的根基，因而，制订复习计划时，一定要注意，要有充足的时间留给基础知识。

你在为谁学习

第三节 细心答题：失分都在细节中

亲爱的少年：

我们考试时最容易犯的毛病，恐怕就是粗心大意了。明明是自己会做的题目，因为不小心，最后把答案写错了。虽然事后总是很后悔，但这个毛病却不能引起我们充分的重视，总以为下次再认真细心一点就好了。结果等到下次考试，还是会犯同样的错误。

王亮是一个聪明的孩子，平时老师讲什么，别的同学都需要消化半天才能理解，而王亮在老师讲完时就立刻可以活学活用。而且上课回答问题也很积极，不管什么科目，什么难题，王亮总能用最简单的方法找到最佳的解题方案。

王亮平时表现这么好，但每次考试的成绩却都不高。而每次当考试卷发下来后，王亮才发现，丢失的分数并非那些后面很有难度的大题，而总是前面很简单的那些小题，因为他的粗心和不注意，这些小题分数的流失让他在班里的排名总是无法靠前。

像王亮这样因为粗心而失去分数的现象并非个例，那我们又该怎样克服这个毛病呢？

首先，我们在考试中，对自己会做的题目，在确信自己的解题思路正确之后，第一遍解答就要力求准确无误。虽然看起来每一道题会多花点时间，但从整体上看还是节省时间的。有时候我们粗心大意，就是因为觉得自己还有时间检查，可以检查出错误。实际上，即使有检查的时间，由于我们已经先入为主，并不容易查出错误。而且复查时，如果发现了错误难免会紧张，紧张的情况下改错，还可能会出现新的错误。所以，无论从节省时间，还是从避免无谓的考场紧张这两方面上看，力争第一遍做对都是很有好处的。这是帮助我们克服粗心大意的一个重要办法。

为了争取第一次就做对，我们答题时一定要细心，要认真对待每一个步骤，尤其是那些比较简单的步骤。有的同学觉得细心粗心是天生的，其实细心平时也是可以训练的。有一个方法就比较有效，平时不妨试一下：每天花20分钟按顺序从1写到500，什么时候中间不出错误，就说明你已经足够细心了。

考试时粗心大意，有时候也跟我们精神不够集中有关。一般来说，我们在考试的时候都处于比较紧张的状态，但是偶尔有所松懈，就容易犯粗心大意的毛病。比如，好不容易做出了一道难题，心中松了一口气，结果却把最后的答案写错了，这种事情是常常发生的。为了防止这种错误，我们自始至终都要保持镇定的心情和高度的注意力，不要因为自己会做某道题而乐昏了头。

我们粗心大意的毛病，常常都是犯在比较简单的问题上。简单的题往往比困难的题更容易出差错。实际上，所谓的粗心大意并不是由于精神紧张或感到困难才发生的，而是在精神松懈的简单工作中才产生的。明白了这个道理，我们在遇到简单的题目时，脑子里就要多留神：这个题目我一定要做对，把分数拿到。

你在为谁学习

第四节 检查：告别马大哈

亲爱的少年：

　　现在你终于做完试卷了，看看时间，还早呢！再看看周围的同学，都还在低头答题呢！你一定特得意吧！这时候要交卷，你就是第一个交卷的了，所有人的目光都会投到你身上。不过先别得意，你检查试卷了吗？

　　试卷检查是我们考试的最后一个环节，也是非常重要的一个环节。有的同学一离开考场，就发现自己答题"这里错了，那里也错了"，这时再捶胸顿足也无法挽回了。出现这种现象一般是不重视试卷检查所致。许多同学做完卷子后，不检查或者草草地检查一下，就提前交卷，等到后来知道出错的时候，后悔都来不及了。既然还有时间，我们就不要浪费，哪怕多检查几遍，也只有好处没有坏处。

　　　　李明在班里学习一直很好，尤其语文是他的强项。每次的作文都是老师拿来讲解的典范。李明对自己的写作水平也一直很自信。
　　　　有一次期末考试，李明的语文分数突然下降得很厉害。这让老师很诧异，李明也觉得这不太可能。等考试卷发下来的时候，李明才找到了原因。
　　　　原来，这次语文考试中的作文是要求写一个"你印象最深刻的节日"。但李明却把这个题目看成了"你印象最深刻的节目"。虽然只有一字之差，但内容却天壤之别。因此，李明的作文就只有可怜的同情分了。

像李明这样因为粗心而且没有检查试卷失去分数的现象并非个例，检查试卷是有很多地方要注意的，越细致越好。一般来说，检查的主要对象是选择、填空之类的客观题和理科类的计算题。文科类的大题（论述、作文）做的时候就要特别注意，如果是离了题，回过头再去改正就很麻烦了。

检查时首先要看有没有漏做的题。检查顺序最好是从头开始，因为做完第一题到做完最后一题，中间已相隔比较长的时间，这时检查不大容易受原来做题思维惯性的影响，错误比较容易检查出来。检查时一定要细心，不能一目十行。检查时如果不认真，速度太快，原来习惯化的思维惯性就会发生影响，看不出错误来。如果时间比较紧张，不可能对每道题都仔细检查的话，那么就重点检查自己不太有把握的题，以及运算量比较大的题。

在理科考试中，为了避免思维惯性的影响，我们可以采取一些方法，比如我们可以用逆向检查法，用加法来印证减法，用除法印证乘法。或者换一个思路来做这道题，如果结果还是一样的，那说明原来的答案肯定是正确的。在解方程式的时候，可以把答案代入到方程中，看看方程式是否成立，如果成立，说明答案就是正确的。

对于步骤比较复杂的计算题，检查时一定要细致，每一个步骤和环节都要检查。比如说解方程式有没有丢解或者增根，所有数据的单位和正负号是不是都对。包括那些需要计算的选择题和填空题，符号和单位要特别注意，千万不要搞错。

检查选择题，还有两点要注意。一是要相信第一感觉，特别是文科类的选择题，第一感觉往往最准确，检查时没有充分把握不要改动答案。二是要注意看答案选项的比例，一般来说正确答案中各个选项的分布是比较均匀的，比例应该大致相等，如果你的答案中某一个选项出现的次数特别多,那你可要小心了,要反复检查。当然这只是就一般情况来说,并不是绝对的。

检查试卷的过程中,有一些需要注意的地方。比如,有许多考生把试卷检查了好几遍也不能发现错误。这是因为只使用同样的方法检查所致。心理学上的"习惯化"这三个字可以解释这种情形。因为反复受到相同的刺激,会产生自动反应。尤其是在演算单纯的计算问题时,不去检查问题的性质,而只是确认自己所做的算式结果有没有错误,结果就根本没有效。为了防止这种因粗心大意而犯的错误,就要改变思考模式去检查。具体的方法是改变顺序,或变换方法,用各种不同的角度来分析确认。

由于粗心大意而考砸的例子中,有的是弄错了题意,有的是把字母写反了。当然,在考场上每个人都会紧张,但由于粗心而写错答案实在令人遗憾。

检查试卷的过程中,如果只检查答题过程而不看问题也是不好的。有不少人在检查试卷时,只顾检查答题过程,没有再去看看问题的内容,如此一来可能造成不好的考试效果。

有不少人把问题看一遍后,就认为自己已经完全了解了,不再深究就匆匆答题,很容易产生错误。一般人都是对自己写下的答案没有信心而一再检查,对于印刷部分的试题却不太去注意。有时候,出题者知道考生的习惯,便在问题中布下陷阱,假如你粗心而掉进这个圈套,长久的考试准备就功亏一篑了。为了避免这种情形,检查时必须先看题目。平时养成这种习惯,才能发挥自己的实力。

这里还需要提到的是,在数学、物理或化学的考试中,正确答案的形态,一般都比较简洁。如果自己做出的答案非常复杂,就应该在检查试卷的过程中重点考虑是不是存在计算错误问题。假如经过复杂的思考过程,而所得到的是形式简单的答案,那么可以认为已经接近正确答案了。这也是以出题者的立场而论,答案的形式简单,比较容易阅卷。事实上,考试的目的是要判断考生有无了解原理,是否能正确推演解决问题的过程。所以如果写出的答案是十分复杂的公式或数字,就应该再检查是否错误,因为大部分的正确答案,都是比较简单的形式。

最后要注意的,也是最重要的,就是看看答题卡有没有漏填,有没有涂写清楚,自己的姓名和考号是不是都填对了,千万别因为填写这些东西出错,而搞砸了自己的成绩。

看看,我们需要检查的内容是不是还挺多的?是不是应该好好利用剩下的时间?如果你在检查时真的发现了错误,及时地改正了,那你肯定会在心里说,幸亏没有提前交卷,要不然这几分就要丢掉了。

第五节 自省:今天我学到了什么

亲爱的少年:

孔子提倡人们自我反省,而西方哲学家苏格拉底也认为:"未经自省的生命的存在是不具有价值的。"所谓"自省"就是通过自我意识来省察自己的言行,来达到"有则改之,无则加勉"的目的。

世界上不存在绝对完美的人,也不存在不犯错的人,没有人能保证自己做的每一件事都是正确的,而犯错误也并不可怕。重要的是我们用什么态度来对待自己的过失、不足和错误。能不能像先人圣贤那样,敢于直面自己的错误,对自己每日的言行都进行认真的"拷问",以这种"君子"的方式要求自己,最终达到"修身"的目的?

然而,现今的大多数人往往自我感觉良好,总认为自己是对的。"长于责人,拙于责己"似乎是现代人的通病。例如,在工作中,虽也勤勤恳恳、忙忙碌碌,却不分主次,缺少明确的目的和有效的方法,最后使工作

你在为谁学习

进度停滞,甚至影响到整个团队工作进程却不知自省问题出在什么地方。犯了错,首先想到的不是反省、弥补,而是遮掩,当然遮掩的方式也多种多样,诸如诿责、抱屈、狡辩、怨天尤人等,总之就是不肯也没有勇气面对自己的错误。这也许源于人的意识往往是对外的,总是把问题投向自己以外的人和物之上,而很少投向"我"。为了克服这种天然的缺失,就要求我们时常有意识地自我反省,把意识投向"我"。

事实上,每个人都有一些缺点,每个人都会犯错,即使是圣人也不例外。所以犯错误并不可耻,也不可怕。真正可怕的是有了过失而不自知,从而不自觉地一步步滑向错误的深渊,让错误的破坏效果和影响时效都无限延伸,造成更大的损失。所以,我们何不每日三省吾身呢?

有这样一位学生,在学习中有一个良好的自省习惯。每当课本上一个单元学完,他便首先根据单元检测的要求,进行一次自我选题,自我测试。自测之后,他便清楚地明白了自己在本单元已掌握的和未掌握的知识点。明白了这一点,他的单元复习就有了针对性,结果,其考试成绩一直是全班第一名。

一个人只要具备自我反省的心态和自我否定的精神,就能让自己不断地进步,甚至趋向完美。有缺点、做错事情不逃避,主动接受批评和自我批评。反省自身的什么缺陷导致了这种错误,接着去改进它,从而升华自己。反省能让我们鉴常明。在反省的过程中,我们的心智不断提高,心灵不断升华。当然也会对影响到我们身外的诸如制度、标准这些东西,让它们也与时俱进。

一个人拥有了自省的心态,才能够对自己提出更加严格的要求,才能主动去寻找自己的不足,然后改进这些不足。他们往往能够虚心听取别人的意见,以使自己变得更加适应社会、更具有能力。他们从不惧怕自我批判和自我否认,因为他们知道这些将会使自己达到一个更高的层次。

当然,自省并不是让你自我否定。自省不仅是一个在自我否定中实现蜕变的过程,也是一个在自我肯定中让自信和希望成长的过程。邓小平同志早就指出:"过去的成功和过去的错误都是我们的财富。"正确的东西会使人变得更加聪慧,错误的东西会使人变得更加清醒。

自省是为了更加客观公正地认识自我,更加快速地发展自我,更加全面地发展自我,从而实现更大的自我价值。知其"失"而后知其所以"失",进而在行动中纠其"失",这是一个人修身养德必备的基本功之一,更是增强人的生存能力的一条重要途径。

第五篇
学习要有正能量

学习最注重心态，一个好的心态可以让学习成为事半功倍的事情。好的心态能够缓解学习的压力、好的心态可以消除学习中的忧虑。只有拥有了好的心态，才能快乐地学习、快乐地成长、拥有美好的人生。

第十一章　懂得放松的人才懂学习

第一节　放松先从身体开始

亲爱的少年：

歌德在谈到天才与创造力的关系时这样说："身体对创造力至少有极大的影响。过去有过一个时期，在德国，人们常把天才想象为一个矮小瘦弱的驼子，但是我宁愿看到一个身体健壮的天才。"

他还以拿破仑为例指出，倘若没有强健的身体，拿破仑就不可能从火焰似的叙利亚沙漠到莫斯科的大雪纷飞的战场，经受得住那么多行军、血战、困倦、饥寒的痛苦，而成为一个英雄人物。

是的，健康的身体，是你做任何事情的前提；健康的身体，是你对困难有坚定的信心，正确面对学习的资本。

众所周知，罗斯福是美国历史上唯一连任四届总统的杰出领袖，还被公认为美国历史上意志最坚定的领导人，而这一切则要归功于他

你在为谁**学习**

以钢铁般的意志锻炼自己的身体。

1896年9月，14岁的富兰克林·罗斯福进入美国著名的格罗顿公学。这个学校非常重视体育，对学生的评价关键是体育本领而不是学习成绩。其创办人和第一任校长恩迪科特·皮博迪博士认为，一个合格的学生应该是合格的运动家，应该有运动健将的拼搏精神和豪爽的风度。

罗斯福当时身体瘦弱，虽然身高1.6米，体重却只有45千克，其体力难以支持他打格罗顿盛行的橄榄球、篮球和划船。

可罗斯福在格罗顿学校期间仍然以钢铁般的意志锻炼身体，春夏常常参加游泳，也参加划船、垒球、足球、曲棍球、高尔夫球运动，冬季则参加滑雪、坐雪橇滑坡比赛等。渐渐地，他的身材开始变得颀长健壮，为他以后日理万机的总统生涯打下了必要的健康基础。

可以想象，一个整日吃着药的病恹恹的人，绝不可能在激烈竞争中如鱼得水，也绝不可能做成什么惊天伟业！羸弱的体质除了影响升学，对未来的工作和事业发展也将是一个巨大的障碍，严重的可能一事无成，乃至英年早逝、壮志未酬、遗恨终生。

所以，拥有一副健康的身体是第一财富，我们有必要爱惜自己的身体，使自己拥有茁壮成长的基石和拼搏明天的资本。

翻开历史的画卷，可以看到很多令人叹惜的事例：

挪威数学家阿贝尔27岁死于肺结核；

罗马尼亚音乐家波隆贝斯库30岁死于肺炎；

唐代著名诗人李贺27岁病逝……

可以设想，如果这些杰出人才能够具备一副强健的身体，那么，他们对人类的贡献将会更加巨大，他们的个人成就也将更加辉煌。

与此形成鲜明对照的，是一些身体健康、寿命较高、充分发挥了他们杰出才能的人：

列夫·托尔斯泰活了82岁，《战争与和平》《安娜·卡列尼娜》《复活》等名著都是其36岁之后的作品；

黑人著名作家杜波依斯87岁才开始写作《黑色的火焰》，并轰动世界；

法国女钢琴家格丽玛沃104岁再度登台演奏；

我国古代著名诗人陆游85岁辞世，60多岁尚耳聪目明，一生写诗达万余首。

可见，健康的身体不仅是生活、学习的基础和保障，同时也为一生的发展提供了一个重要的条件。

强健的心理、情绪与精神，都来自健壮的身体。假如一个人想功成名就，第一步，就是要考虑健康问题。因此，当能够出人头地之前，首先需要学习的一个简单而重要的课题，就是让自己的体格变得强壮。因为只有一个身体健壮的人，才能具有精明的大脑和旺盛的精力。没有好的身体，在这个物质世界上，什么也甭想实现。简单地说，身体健康是一个人获得成功的"硬件"，一个人成功的基础是身体健康。通过体育锻炼和良好的饮食，才能有聪明睿智的大脑。

然而，在日益繁忙的今天，很多青少年常常产生这样的错觉："时间是宝贵的，应该多花些时间在学习上、工作上、娱乐上，不能把时间花在动胳膊动腿上。只有这样，才能取得比较大的收获，才算是没有辜负大好青春。"

这种"重文轻武"的想法，导致了在任何一所大、中、小学校园里，都能见到一群群的"小胖子""小眼镜"，青少年的体质整体下滑——在所有退学、休学的原因中健康原因的比例在60%以上，是所有原因中比例最高的。

每个人都不能光顾学习而变得"手无缚鸡之力"，而必须树立"欲文明其精神，先自野蛮其体魄"的健康观念，培养自己良好的健身习惯，并掌握科学的锻炼手段，使自己挣脱瘦弱、疾病的羁绊，从而以茁壮、健康的身体，去孜孜不倦地攀登学习高峰，迎接未来风雨的挑战！

"体者为知识之载而为道德之寓者也"，健康的身体是人生发展的平台，它托起了心理素质、文化素质、道德素质等一系列素质，并使这些素质在个人成才的过程中尽情地发挥着作用。

其实，健康就是财富，我们千万不要为了追求其他而忽略了自己最大的"财富"——健康。除了要懂得给自己"减压"之外，及时进行适当的治疗和注意日常健康，也非常重要。食物方面，我们不妨多选取一些新鲜的食材，以不含添加剂和色素者为佳。像罐头、方便面、饮料等，都不会给人带来健康的身体和需要的营养，我们应尽量少用或不用。

只要合理安排，注意健康与你的学习丝毫不会产生矛盾，有时一个微小的举动或者一个很简单的改进，都会令我们享受到健康的快乐。当疲惫不堪时，与其勉强苦苦地硬撑着在那里学习，不如稍稍休息一下，然后再以充沛的精力投入学习，我们会发现这样做学习效率会更高。

第二节 不要让压力压垮你

亲爱的少年：

　　曾经有这样一个故事：

　　　有一年冬天，一对婚姻濒临破裂而又不乏浪漫情调的加拿大夫妇准备做一次长途旅行，以期重新找回昔日的爱情。两人约定：如能找回爱情就继续在一起生活，否则就分手。当他们来到一个长满雪松的山谷时，下起了大雪，他们只好躲在帐篷里，看着大雪漫天飞舞。不经意间，他们发现，由于特殊的风向，山麓东坡的雪总比西坡的雪下得大而密，不一会儿，雪松上就落了厚厚的一层雪。然而，每当雪落到一定程度时，雪松那富有弹性的枝杈就会弯曲，使雪滑落下来。就这样，反复地积雪，反复地弯曲，反复地滑落。无论雪下得多大，雪松始终完好无损。可西坡由于雪小，总有些树挺了过来，所以西坡除了雪松，还有些柘树、柏树和女贞之类。

妻子似有所悟，对丈夫说："东坡肯定也长过其他的树，只不过由于不会弯曲而被大雪摧毁了。"丈夫点头。就在这时两人似乎同时恍然大悟，旋即以前的一切恩怨都成了过眼云烟。丈夫兴奋地说："我们揭开了一个谜——对于外界的压力，要尽可能去承受；在承受不了的时候，要像雪松一样弯曲一下。这样就不会被压垮。"一对浪漫的夫妇，通过一次特殊的旅行，不仅揭开了一个自然之谜，而且找到了人生的真谛。

细细地想一想，我们不就如同故事中的树木吗，而懂得给自己减压的人就是雪松，如果不懂得减压，自然就像其他树木一样难逃折断的厄运。

"我一定要考上重点中学！"你一面给自己打气，一面又觉得倍感压抑，你的心里像敲起了战鼓，鼓点像暴雨中的雨点一样急促而有力，但是每一滴都狠狠地砸下来，让你有些承受不了了。

你给自己制订了学习计划，你每天严格地按照计划执行，只是随着时间的推移，你心里的那种压力越来越大，有时你甚至觉得有种透不过气来的感觉。渐渐地，你吃不下饭，晚上总是很难入睡，即使入睡了也很容易被惊醒，你觉得浑身无力，走路像踩在棉花上。渐渐地，不管是上课还是自习，你的精力都无法集中。心里那种无形的压力愈加膨胀，像块巨石牢牢地控制住了你……

这样的事情在我们的身边比比皆是，这里说的其实就是压力。

压力是人的内心深处的一种情感体验，一定的压力会让人奋起，成为人行动的动力，但如果压力过大，那么对一个人的影响就非常严重了，曾经有一位教授这样说：压力的杀伤力比我们周遭环境中的任何事物都还要强大。

我们都知道，生活中充满了各种各样的压力，而且即使是最有智慧的人也无法将压力消灭。倘若我们不懂得如何给自己减压，那么终有一天会被压力压垮的。

所以，当压力不可避免时，如果你想在充满压力的环境下求得生存，并尽可能地保持轻松愉悦的心情,就需要拥有雪松的智慧了。随着压力的增大,不断地给自己减压,最后逃离压力的暗影。

不要埋怨压力,重要的是改变你在充满压力的环境中时的境况,学会给自己减压。

很多人的压力首先来自于对过去的念念不忘,削减压力的第一步,就是要抛开过去,着眼现在,重新制定切合实际的学习目标。需要注意的是,目标的制定一定要和自己的实际水平相结合,如果目标定高了,你马上就会开始担心它是否能够实现,这种担心无意中已经成为学习的压力了;反之,如果把目标定得过低的话,就不利于改善当前的状况取得进步。

一旦目标确立,接下去就是赶紧行动。所有取得成功的人都知道,要成功就必须坚持。你也必须马上行动,并且要坚持下去,千万不要拖延,拖延既耗费时间,又让刚刚聚集的动力慢慢减弱。如果你能够在你确定目标之后坚持行动一回,你会发现你已经没有多少压力了。所有的压力都会在行动中找到发挥和发泄的途径。只要你坚持下去,努力学习的结果不仅仅是学业的进步,更多的是你将获得学习的信心,你知道自己能够坚持学习并且能够取得进步,这才是长久消除学习压力的方式,也是你获得学习动力的途径。看见学习有进步,所有的学生都会喜欢学习的。

第三节 大脑需要科学的使用

亲爱的少年:

由于大脑十分的复杂,至今我们对大脑的了解还十分肤浅。尽管如此,但有一点是肯定的,即大脑是物质构成的,它与其他物质一样,必然有它自身的活动规律。因此,一定要按照那些已经了解的用脑规律进行学习,才能一方面提高学习效率,一方面保证大脑的健康发展。

惠惠是一名小学五年级的学生。一天晚上,她看完电视正想睡觉,突然想起今天老师要求背诵的课文还没有背。这可把她急坏了,她赶忙拿出语文课本。可是,这篇课文又长又难背,什么时候才能背完呢?于是,她想到今晚先把前半部分背完,剩下的明天再背。但前半部分也不短,她又把这部分分成若干个小节,一节一节地读,一节一节地背。结果还真灵。一会儿的工夫,她就把前半部分背完了。她又用同样的方法试着背剩下的部分,没过多长时间,一篇又长又难背的课文竟全背下来了。

惠惠科学有效地使用了用脑规律进行背诵,很快就完成了目标。

但如果不按照用脑的规律学习,或者说,学习时不讲究用脑的卫生,轻则使学习效率下降,重则导致很多心理疾病的发生,如各种神经官能症,严重影响了学习的正常进行。

那么,我们应该怎样讲究用脑的卫生呢?

1. 保证脑细胞的物质供应

大脑的神经细胞在进行正常活动时,新陈代谢十分旺盛,所以要消耗大量的能量。

大脑的重量只占体重的2%,而耗氧量却占了全身耗氧量的20%,当大脑积极活动时,耗氧量将达到全身耗氧量的33%。大脑神经细胞除了需要得到大量氧气外,还需要从血液中源源不断地得到葡萄糖的供应,血液中葡萄糖的浓度达到0.1%时,大脑神经细胞才能在氧化分解葡萄糖的过程中得到生命活动所需的能量。当然脑细胞在新陈代谢过程中,成分也要不断地更新,不断地得到必需的营养物质。

如果大脑的血液供应不足,血中的葡萄糖含量低于0.1%,或血液中的氧气含量偏低，都会使大脑细胞的工作效率下降。在一般情况下，脑细胞90秒钟得不到氧气，人就会失去知觉，若五六分钟得不到氧气，脑细胞就会死亡。

总之，要想使学习能正常地高效率地进行，就必须保证脑细胞正常的"物质供应"，即葡萄糖和氧气等物质的供应。

2.具体注意事项

（1）不要不吃早饭，在饥饿状态下学习。由于处在饥饿状态，脑细胞正常活动所需要的葡萄糖不能得到满足，大脑的细胞就逐渐走向抑制，或者说休息状态，工作或学习时就会无精打采，注意力无法集中。为了保证在整个上午的学习过程中脑细胞能源源不断地得到充足的营养物质，为了不让饥饿感分散上课时的注意力，一定要吃好早饭。

（2）不要在饭后马上学习。人体内血液的分配一般和器官系统的活动状态相一致。饭后，消化系统在消化和吸收上的负担很重，流经消化系统的血液量增加，大脑的血流量相对下降，脑细胞的功能状态也自然要差一些。饭后爱犯困就是这个缘故。这说明饭后立即学习，不仅学习效率低，还会影响消化系统的正常功能，天长日久还可能引起胃肠疾病。

（3）尽量在新鲜的空气中学习。在空气污浊的环境中学习，时间一长，就常常产生哈欠不止、头脑昏沉的现象，学习效率自然很低。

道理很简单，不通风透气，室内含氧量就会下降，二氧化碳含量则会上升，细胞进行生命活动所需要的氧气就会供应不足，葡萄糖的氧化分解受到影响，脑神经细胞的所需能量得不到保证，导致大脑的功能减弱，学习效率也必然下降。

因此，在学习时要注意休息，尽量开窗，有机会就到室外散散步，吸点新鲜空气，使大脑得到充分的氧气供应。

如果把一天的学习、工作、劳动、锻炼、娱乐和睡眠等时间做出科学的安排，然后严格地执行，经过一段时间，前面的活动刺激就很容易成为后面活动的信号，建立起条件反射，使大脑皮层各区域的兴奋和抑制，或者说学习和休息比较协调，有节奏。到时候就能入睡，到时候就能醒来，坐下来就能很快地进入学习状态……使学习生活的安排建立在科学用脑的基础上，长期这样有规律地生活，让各种活动的变换达到自觉的地步，就可以减轻大脑的负担，保证大脑的健康，大大提高学习的效率。

第四节 考场上需有好心态

亲爱的少年：

你们知道春山茂雄吗？这位日本心理学家在他所著的《脑内革命》一书中指出：不论遇到多么不愉快的事情，只要采取积极向前看的心态，大脑就会分泌出对身体有益的物质；不论自己所处的环境多么优越，只要心怀怨怒憎恨、忧愁苦闷，大脑就会分泌出对身体有害的物质。有益物质（脑内啡呔）即快乐物质，不仅使人产生愉快感，还能够提高免疫力、增强记忆力、锻炼耐力等多种功能。而有害物质则会导致人体免疫力下降、思维迟钝、精神不振等现象发生。他在书中还针对性极强地指出：复习与考试期间，免疫力急剧下降，原因就是精神受到紧张刺激的缘故。

朵朵是某初中一年级的学生，活泼可爱，学习也很用功，可就是怕考试。一听说要考试，情绪就极度紧张，面红耳赤，心跳加速，心神不定，紧锁眉头。考试时，考卷发下来，双手颤抖，头脑一片空白，注意力不能集中，严重时题都看不清。

造成考试怯场的原因有很多，既有生理方面的原因，也有心理方面的原因。从生理方面来说，由于缺少睡眠，缺乏体育锻炼而造成过度疲劳；因食欲不佳而导致营养不良，影响了大脑供血，身体不适等。从心理方面来说，父母和教师对考生要求过高，考生本人对考试结果过分看重，造成较大的心理压力；平时复习不充分，知识掌握得不牢固，缺乏必要的应考策略和考试技巧，造成自信心不足，产生严重自卑感；考场气氛紧张，监考人员态度严肃，造成考生情绪过分紧张。

因此，问题的关键不在考试本身，而是以何种心态看待考试、对待考试。

考试之前，考生们总是特别苦恼：不及格怎么办，考不上怎么办？换一个思路可以这样想："考试不能定终身，一次、两次考不好有什么关系，还有下一次嘛。"想法不同，结果就不一样。

对于考生如何看待一两次的考试失误，如何对待一两次的考试失败，如何面对一两次的名落孙山，就成为能否获得最终成功的关键所在。

心理学家指出，人生、考试获得成功的秘诀首先是好的心态。"想好事，好事降临；想坏事，坏事敲门。"有了好的心态，考试时就能发挥出自己的正常水平，不良心态则会导致考试失败。

有的考生感叹地说："我在考试时常常会紧张，因此发挥不出平日应有的实力。"实际上，这种紧张是一种进行重要事情前的心理准备，因此不必太在意。可话又说回来，如果过度紧张而无法集中精力时，就必须采取措施了。其中的一种方法是为自己进行"考试仪式"。

可能有不少读者对"考试仪式"这个词比较陌生，但相信各位大概听说过"就寝仪式"，就是经由一些程序之后入睡的方式。例如，给常常啼哭的婴儿盖上毛巾被，使他安心入睡，也可以说是"就寝仪式"的一种。

通过这种方法，利用某种程序来防止紧张，就是我所说的"考试仪式"，方法可随意安排，例如，在答卷之前，先摘下手表放在桌子上，或者借着擦眼镜、提腰带等动作来缓和紧张的情绪。这就是一种仪式，其目的不外乎准备接受考试。总之，在关键时刻，用这个方法能使自己放松。

在考场上，要对自己充满自信，相信一分耕耘一分收获。即使遇到棘手难解的问题，也要用积极的自我暗示，静下心来，沉着面对。考场上要沉稳、镇静，遇到容易的试题不能马虎，遇到较难的试题也不要心慌，始终保持愿意接受挑战的积极心态。

整个考试过程中，一切事情都往好处想，始终以稳定、轻松的情绪面对考试，如考完一门课后，不要担心考好考坏而影响情绪，应集中精力投入下一门的考试，更不要考完后与同学互问答案，增加心理负担。

在考场上，不管遇到任何不顺和麻烦，有意识地以愉悦快活的心态面对，充分运用积极向上的自我暗示和放松这两个法宝战胜之。

需要特别指出的是，考场上的心态调节固然重要，但考试前一两个小时的心态调节，对于大脑进入最佳状态尤为重要。过去认为考前的心情要保持安静。近年来的研究认为，考前做适当的调适有利于考试水平的发挥。

考生要注意，考什么就只想什么。如果今日上午考数学，在考前一个小时左右就闭目回忆一下重要的公式、定理等，而不要去想别的科目。在考语文或英语之前，可以大声朗读自己最喜爱的课文，通过语言激活大脑。考前可以回想自己历次考试中曾体验过的成功、自豪等，这样才能使自己进入一种充满自信的良好心境之中，从而促进大脑分泌有益物质，增强思维、记忆等能力。考前还可以听听自己喜欢的音乐或歌曲，使自己的心情处于愉悦之中，这样也有利于大脑发挥。

你在为谁学习

第十二章　学习要有感恩的心

第一节　莫用抱怨伤害父母

亲爱的少年：

　　人世有悲凉，往来成古今。我们都是一块海绵，吸收的是别人的赐予，挤出的却常常是抱怨和伤害——当我们遭受了一点苦难时，就抱怨起自己的父母来：为什么他们不勤勉一些多赚点儿钱，也让我和别的同龄人一样享受快乐的童年？我们身边不乏这样整天怨天尤人的人：恨天不公，怨地不平，怪父母无能，骂亲友无情……

　　而我们的父母心里会怎么想？2004年11月4日，《中国青年报》登载了《辛酸父亲的来信》一文：

　　亲爱的儿子：

　　　　尽管你伤透了我的心，但你终究是我的儿子。自从你考上大学，成为我们家几代里出的唯一一个大学生之后，心里已分不清咱俩谁是谁的儿子了。从我扛着行李陪你去大学报到,到挂蚊帐、缝被子、买饭菜票甚至教你挤牙膏,这一切,在你看来是天经地义的,你甚至感觉我这个不争气的老爸给你这个争气的大学生儿子服务,是一件特沾光特荣耀的事。

的确,你考上大学,你爸妈为你骄傲……这也是我们以你为荣的原因。然而,你的骄傲却是不可理喻的。在你读大学的第一学期,我们收到过你的三封信,加起来比一份电报长不了多少,主题鲜明,字迹潦草,只一个钱字特别工整而且清晰……

当时,正值你妈下岗,而我微薄的工资,显然不够你出入歌厅、酒吧、餐厅。在这样的状况下,你不仅没有半句安慰,居然破天荒来了一封长信,大谈别人的老爸老妈如何大方。你给我和你妈心口上戳了重重一刀,还撒了一把盐。最令我伤心的是,今年暑假,你居然偷改入学收费通知,虚报学费……

不知在大学里,你除了增加文化知识和社交阅历之外,还能否增长一丁点儿善良的心?

这是山西老区一位"辛酸父亲"在痛陈儿子不知感恩时写的一封信。无独有偶,《江城日报》也曾刊登过一篇题为《儿子,你该把心思用在学习上》的"伤心父亲"的来信。

这两封信的内容是惊人地相似,这不是巧合,反映出的问题也不是偶然的现象,而是值得我们共同反思的问题:我们对父母的挂念有多少?我们是否对父母心存感恩之情?

我们何曾想过父母的辛酸苦痛?他们把我们带到这美丽的世界,已经是足够的伟大,且将我们养育成人,不求回报,默默地为我们付出,我们有何理由抱怨他们?又有何理由无度地索求他们的付出?我们是在父母的汗水和皱纹中长大,我们的今天不是理所当然就有的,是他们的血泪积淀成的!

孝,人之本也。一个只有懂得感恩父母的人,才能算是一个完整的

你在为谁**学习**

人。孝敬父母是每一个人必须做到的，它可以促使家庭和睦、温馨幸福。孝道就是以一颗感恩的心尊敬和爱戴自己的长辈，本是人类固有的美德，然而有些人不懂得孝顺父母，总是在父母逝世后，才悔不当初，自责不已，但为时已晚！所以任何人都应该趁父母还在的时候，好好孝顺父母，了解父母生活上的需要，让父母衣食住行没有匮乏，生老病痛有所依靠，给予心理上的慰藉、精神上的和乐，让他以有儿女为荣，这是为人子女应尽的责任。

怎么才能做到对父母的感恩呢？从子女角度讲，主要是孝顺，它是一种感情，是一种真情流露，是时时地牵挂。正如孔子所言，"父母之年，不可不知也。一则以喜，一则以惧。"父母的身体健康，儿女应时刻挂念在心。而对父母而言，子女的孝顺主要是一种心头的感觉，感受到子女孝心后的一种幸福感、满足感，被子女孝心包裹后的安全感。

从这个意义上来说，对父母感恩并不难，也不需要花很多钱，钱的多少也不是决定因素，关键是自己的真情，真正地把孝顺父母当作一件很重要的事情挂在心中，让父母感受到我们的心，感受到我们的爱，感受到我们的付出。

同学们，让我们学会感恩父母吧！感谢父母给予我们的一点一滴。让我们好好学习吧，以优异的成绩去回报他们无私的倾情奉献！

第二节 尊师重教是一种美德

亲爱的少年：

犹太人必读之书《塔木德》中有这样一个故事。

从前，有三位智者来到一座城市，他们受到了很热烈的欢迎。然而，他们很快就发现了一个让他们震惊的问题：这座城市里竟然没有一所学校。于是，他们对城中的居民说："把保卫这座城市的人带来，我们想见见他们。"很快居民们就带来了护城的军队让智者检阅，智者大声对居民们说："这些人不是城市的保卫者，而是城市的破坏者！"这座城市的最高长官不知智者因何而怒，便问道："那么，谁是城市的保卫者？"智者们回答说："是教师！只有他们，才能让这座城市永远沐浴在智慧的光辉里；只有他们，才能让这座城市成为一座任何敌人都攻不破的堡垒！也只有他们，才能让你们死后在这块土地上能永远地享受到子孙万代的祭祀和怀念。而任何一座没有教师的城市，早晚有一天会焚毁于野蛮和愚昧之火。"

在故事中，智者给了教师至高无上的荣耀。其实，这荣耀也确实应该归属于全世界所有的教师。任何一个人都应该在心底牢记。老师是给予我们知识的人，是帮助我们打开知识宝库钥匙的人。许多取得巨大成就的人都非常感谢自己的老师。

在北宋，有个叫杨时的进士，他特别喜好钻研学问，到处寻师访友，曾就学于洛阳著名学者程颢门下。程颢死后，又将杨时推荐到其弟程颐门下，在洛阳伊川所建的伊川书院中求学。杨时那时学问也相当高，但他仍谦虚谨慎，不骄不躁，尊师敬友，深得程颐的喜爱，被程颐视为得意门生，得其真传。

一天，杨时同一起学习的游酢向程颐请求学问，却不巧赶上老师正在屋中打盹儿。杨时便劝告游酢不要惊醒老师，于是两人静立门口，等老师醒来。一会儿，天飘起了鹅毛大雪，越下越急，杨时和游酢却还立在雪中，游酢实在冻得受不了，几次想叫醒程颐，都被杨时

你在为谁学习

阻拦住了。

　　直到程颐一觉醒来,才赫然发现门外有两个雪人!从此,程颐深受感动,更加尽心尽力教杨时,杨时不孚众望,终于学到了老师的全部学问。之后,杨时回到南方传播程氏理学,且形成独家学派。

　　尊重老师,就要尊重老师的劳动。老师把所有知识毫无保留地传授给学生,如果他们希望得到什么回报的话,就是希望看到学生长大成才,在知识的高峰上越攀越高。犹太人常常对孩子说,要像尊重我们的父母一样,尊重我们的老师。

　　教师从某种意义上来说,是国家的守卫者,是民族灵魂的守护神,因此,我们要尊重老师。当年,当犹太人据守的最后一座城池耶路撒冷即将被罗马军队攻破之时,一个犹太人智者冒着生命危险来到罗马军营中,向罗马人请求在破城之日能给他留下一所小小的犹太人学校,他愿在这所学校里做一名教师。罗马将领同意了他的请求。这位智者因此而预言说:"只要犹太人还有一所学校,只要这所学校里还有一名犹太人的教师,那么,犹太民族就不会从这个世界上消失,必将有一天,他将重现自己民族的辉煌!"历史不是已经证明了这位智者的预言了吗?

　　因此,作为学生的各位,一定要从小树立尊师重教的观念,并以实际行动来尊师重教:

　　首先,明确师生之间的关系应是和谐的、平等的,没有尊卑之分,不应该在心理上形成两个对立阵营。与老师交往,不必自卑,不必羞怯,要大大方方,友好往来。

　　其次,要全面而客观地认识老师。老师也是普通人,也有优点和缺点,也会犯错误,并不是完美无缺的。作为学生,应该客观地评价老师,不能吹毛求疵、求全责备,也不必把老师偶像化。

　　再次,培养尊重老师的真挚感情。尊师爱师,这是做人的一种美德,首先应该在思想上认识到老师的可尊之处。老师之所以令人尊敬,是因为他们担负着培养和教育下一代的重任。

最后，正确认识自我，看到自己的长处和缺点，为了使自己更好地成长，应积极主动地与老师交往，获得老师的帮助和指导。向老师敞开自己的内心世界，让老师全面了解自己，虚心向老师请教学习。

第三节 正确看待同学间的竞争

亲爱的少年：

在现在这个社会当中，竞争无处不在，我们的学习中也充满了竞争，它就像是把"双刃剑"，用好了利人利己，可以大大促进自己的学习；用不好则会误人误己，不仅会阻碍自己的学习，还会影响到同学之间的感情。因此，对于竞争我们要有一个清醒的认识。

同学之间的良性竞争能激发学生强烈的成就感和进取心，促进学生顽强拼搏，同时也会给同学带来快乐，注入新的活力。要改掉在学习中消极竞争，破坏同学之间友谊的坏习惯。

在一个班级里，学习成绩、文体比赛、劳动竞赛，甚至课余爱好，都会使同学之间产生竞争。但是，在学生的心目中，最普遍也最"残酷"的还是学习成绩上的竞争，也就是在考试分数上比高下。本来如果把竞争发挥好了，是一件很有益的事，但有些同学为了实现这一目标，使用的却是消极竞争的策略。有的同学把学习上的竞争泛化到与同学的一般交往上，不仅在心理上嫉妒对方，而且还会表现出轻视对方的各种言行，甚至有时会在背后诋毁别人。这种做法其实是一种心胸狭窄、不会学习的表现，是我们学习路上的"拦路虎"，它不仅使我们无法获得真正的友谊，而且也

你在为谁学习

无法吸收、借鉴别人的长处，还会影响我们的身心健康。

积极的竞争应是在一种友好的氛围中进行的，它能够实现自己和同学成绩的共同提高，而不是自己上去了，却把同学踩下来。因此，会学习的同学必须彻底放弃这种狭隘的消极竞争，学会积极竞争。

王玉玲同学是2001年高考河北省保定市第二名，她认为，自己之所以能从一个小县城里脱颖而出，在很大程度上得益于自己的竞争对手。"是这些竞争对手不时地鞭策我、激励我，使我在成绩面前不骄傲，在失败面前不沉沦。"

的确如此，在积极的竞争中，人们的自尊需要和自我实现的需要更为强烈，克服困难的意志更加坚决，争取胜利的信念也更加坚定。当你和某个同学成为学习上的竞争对手时，你的学习目标就会非常明确，课堂中的每一次提问，每一次作业的质量，每一次考试的成绩等，你们都会比一比，从而使你每天的学习目标都很明确，不敢使自己有任何松懈，潜能因此得到了充分的发挥。

同学之间的竞争是不可避免的，那么，我们该如何对待才能既收到竞争的良好效果，又避免竞争可能带来的心理伤害呢？

对待同学之间的竞争的正确态度应该是：既不回避竞争，也不盲目竞争——竞争的目的不是压低别的同学，而是提高你自己，它要求我们必须做到如下几点。

1.借助竞争激发潜力

在竞争的条件下，人们的自尊需要和自我实现的需要更为强烈，对于竞争活动会产生更加浓厚的兴趣，克服困难的意志更加坚定，争取优胜的信念也更加强烈。我们要从主观上认识到这些，树立起一种积极的心态，为了取得竞争的优势而全力以赴，充分发挥自己的能量与创造性。

2.找到适合自己的目标

竞争的目标应该是有层次性的多样化的,如果只盯住顶尖的位置,或者只在自己不擅长的方面与人竞争,势必遭受挫折和失败,使人产生挫折感、失败感与自卑感。所以,我们应根据自己的实际情况,找到适合于自己的目标。这个目标不会唾手可得,需要我们付出努力,但又不是可望而不可即的。

3.学会与自己竞争

从前的你和现在的你肯定不一样,你的将来也不会和现在一样。因此要学会对自己作纵向比较,看自己哪些方面进步了,还能取得什么进步,这也是一种竞争。而且,这种竞争有助于你正确看待同学之间的竞争。

4.抱着合作的态度参与竞争

这才是真正的明智之举,不仅获得了竞争的动力,而且避免了对同学采取嫉妒、贬低和仇视的态度,有助于维护同学间的友爱关系及集体精神。

5.适时的心理调整

当竞争过于激烈,就容易产生紧张、忧虑、自卑等消极的情绪体验,不利于自己的身心健康。如果出现这样的情况,可以通过适当降低竞争目标、改变竞争对手、转移竞争取向等措施,及时地加以调整,以消除过分紧张的心理压力。

真正的竞争还是自己与自己的竞争,超越昨天的自己,才是真正的竞争取胜。

总之,我们要正确对待同学之间的竞争,既要保持一种锐意进取的精神状态和斗志,又要保持一颗平常心。让竞争朝着积极、良性的方向发展,并以此来激励和促进自己的学习。

竞争与友谊是并行不悖的,它们并没有本质上的冲突。在与同学的竞争中,我们应向竞争对手伸出友谊之手。同学向我们借笔记或请教我们

你在为谁学习

时，应给予热情帮助，从而做到彼此激励，相互竞争，共同攀登，形成一个和睦、友好、互助的良好氛围，实现学习的共同进步。

第四节 对学习环境心存满足

亲爱的少年：

"你们的生活幸福吗？"也许有人会回答说，"一点儿也不幸福。"那么，什么才是幸福？是能够坐享父母的努力成果？是考上大学？是大发横财？还是……

现在，很多同学过着"饭来张口，衣来伸手"的生活。计算机、Mp3（一种随身的音乐播放器）、Mp4（随身的视频播放器）、ipad（平板电脑）等奢侈品已"飞入寻常百姓家"。当学生们买Mp3时会冠以"提高英语听力"的名义，当要求买计算机的时候则会美其名曰"学习的需要"。

除此之外，他们还不断要求他们的父母为自己创造他们所谓的优越的学习条件，似乎认为唯有优越的学习条件才是取得优异成绩的前提和保障，然而事实并非这样的。

法国人维克多·格林尼亚出生于一个名门贵族之家，从小就生活在优越的环境中，可是，优越的环境并没有给他带来学习的动力，相反的，他娇生惯养，养尊处优，而且厌恶学习。为了玩闹，他甚至旷课、逃学。不久，他便堕落成了当地有名的花花公子。

一次舞会的遭遇，改变了他的一生，一向盛气凌人的他邀请一位贵族小姐跳舞。美丽的贵族小姐不但拒绝了他，而且给予他轻蔑的眼神。维克多·格林尼亚突然感觉到他昔日那种花天酒地的生活是被人鄙视的,他决定改变过去的自己。

为了彻底摆脱曾经让自己沉湎的环境,他决定离开家去找寻自己的梦。由于往日荒废的学业过多,他没有被任何一所大学录取。后来他不断地努力,终于被法国里昂大学录取。学习成绩优异的他在毕业后选择了留校担任教授,在后来的这几年中,他在化学领域方面作出了卓越的贡献,并于1912年获得了诺贝尔化学奖。

在2005年"感动中国十大杰出人物"评选中,洪战辉这个名字让全中国人知晓。面对不堪重负的母亲离家出走,面对重病的父亲,面对捡来的妹妹的嗷嗷待哺,12岁的洪战辉选择了坚强,树起了支撑这个破碎的家继续走下去的坚定信念。

家里没钱给妹妹"小不点"买奶粉,他就上树掏鸟蛋给妹妹熬鸟蛋汤。上学交不起学费,他就从小学做小生意挣钱……就这样,洪战辉在常人所无法想象的苦难中走过了风风雨雨的12年。令人难以想象的是,在这样艰难的学习条件和学习环境下,洪战辉仍然考上了湖南怀化学院。

他不是英雄,却有着不向任何苦难屈服的坚强意志;他不是伟人,却有着无比宽广的胸怀和崇高的品质。他就是洪战辉,一名出身贫寒的大学生,却用他的不屈和坚韧,用他的仁爱和善良,感动了中国!

洪战辉说:"自己能做好的事情就自己做,为何无缘无故地接受别人的慷慨?人最可怕的不是没钱,而是缺精神。无论学习条件是如何的困难都无关紧要,重要的是要有一种意念!"

不知道,作为同龄人的你看完以上几个故事后做何感想?

"优异学习成绩源于优越学习条件"这一"理论"该是不攻自破了吧!毋庸置疑,学习是有条件的,但最重要的条件是自己想不想学,愿不愿意学,要不要学。对无志于学的人,学习条件再好,也不可能创造出什

> 你在为谁学习

么成绩来的；而对于有志于学的人，环境再差，学习条件再困难，也无法阻挡他对知识的追求，更不能动摇对学习的强烈信念。

想想那些贫困山区的儿童，他们的学习条件与环境与你们相比，简直是"天壤之别"啊！珍惜你所拥有的学习条件吧，不要无止境地索取，请记住：珍惜眼前所拥有的一切。

第五节 让学习充实你的生活

亲爱的少年：

你们是否会有这样一种想法，认为学习只是青少年时代的事情。只有学校才是学习的场所，如果已经走向社会，就没有必要进行学习，除非为了取得文凭。

这种看法乍一看，似乎很有道理，其实是不对的。在学校里自然要学习，难道走出校门就不必再学了吗？学校里学的那些东西，就已经够用了吗？

如果你不继续学习，你就无法取得未来生活和工作需要的知识，无法使自己适应急速变化的时代。在走入社会后，你不仅不能立身安命，反而有被时代淘汰的危险。

2001年11月，《成都商报》报道：每个周末，成都一名女士都乘飞机赴京，参加北京大学每周六早上8时30分开课的应用金融学专业（证券投资方向）的研究生课程进修班。

进修班2001年上半年在新浪网发布了招生广告不久，这名来自成都的女士就与北京大学中国经济研究中心取得联系,并于9月下旬正式报名。从那时起,这名成都女士就坚持每个周末乘机到北京进修。11月中旬,她顺利通过了入学考试,在缴纳每年5万元的学费后成为该班一员。

一位老师曾为她算过这样一笔账:这位女士一共上了两年的课,她每周往返京蜀一次,两年间除去假期总共约为80周,按每张机票1130元计,她两年间赴京上课的机票费约为:1130×80×2=180800元,也就是说,该女士仅为此次进修所花掉的机票费就超过18万元!

也许你在看完这个故事,第一个念头或许是:值得吗?

也许这个例子有些极端。但是,在变化越来越快的21世纪,每个人既有的知识和技能很容易过时,因此你必须"不断充电",在学习上的投资是明智的。

据美国国家研究委员会调查,如今半数的劳工技能在1至5年内就会变得一无所用,而以前这段技能的淘汰期是7至14年。特别是在工程界,毕业10年后在学校所学还能派上用场的不足1/4。

据中国有关部门统计,经过培训的失业、下岗人员,再就业率一般在60%至90%。北京曾对50多个企业的下岗职工进行调查,未经过培训再就业成功率仅为5%至15%。

希腊作家索伦说:"活到老,学到老。"其实,你能在学校里学的东西是十分有限的。工作中、生活中需要的相当多的知识和技能,课本上都没有,老师也没有教给你,这些东西完全要靠你在实践中边学边摸索。

有些人走出学校投身社会后,往往不再重视学习,似乎头脑里面装下的东西已经够多了,再学会胀破脑袋。殊不知,学校里学到的只是一些基础知识,数量也十分有限,离实际需要还差得很远。

特别是在科学技术飞速发展的今天,你只有以更大的热情,如饥似渴地学习、学习、再学习,才能使自己丰富和深刻起来,才能不断地提高自

你在为谁学习

己的整体素质，更好地投身到工作和事业中。

"终身职业"时代正在逐步消失，"终身教育"时代正大踏步向我们走来。实践证明，每当一种新的技术代替原来技术的时候，总要创造出新的就业岗位乃至新的行业。如果我们的认识还仅仅停留在"一招鲜"上，就只能成为市场竞争的"弃儿"。

有一位在美国学习工作了十几年的博士，在多次经历过"美式下岗"后，深有感触地说了一句使青少年深受启迪的话："没有职位的稳定，只有技能的稳定与更新。"为此，他和几位同去美国的好友不断学习新知识，掌握新技能，努力适应新产业、新岗位的挑战和需要。在取得数学博士学位时，他们预感到计算机的发展前景，又就读了计算机专业。如今，这位博士和他的朋友们都在美国硅谷或大学工作，并不断在新的工作岗位上做出显著成绩。

有人认为：年轻时，究竟懂得多少并不重要，只要懂得学习，就会获得足够的知识。

也许今天的你离工作、事业还很遥远，但是今天的学习将是明天必需的资本。而且，学习将不再是阶段性的，它可能会贯穿你的一生。那么，对于现在的学习你会怎么想？你的学习效率是快还是慢？你的学习量是大还是小？你的学习成绩是优还是劣？

第六篇

你的未来在何方

青少年学习是为了能够将来找到更好的工作，能够在这个社会上更好地立足、能够为社会做出更大的贡献、能够成为社会当中更卓越的人才。因此，当同学们完成了学校的学业后，当步入社会的那一天，如何运用在学校所学到的知识，以何种心态来对待即将到来的另一个新的阶段，将至关重要。

第十三章　不能用学生的心态对待工作

第一节　放低姿态"软着陆"

亲爱的少年：

　　有一句在职场中广为流传的话，"不会做事不要紧，但是态度一定要好"。毕业生初入职场，对业务不熟悉、不知道从何入手，这些都没关系，因为这些都可以慢慢学的。你们早晚都要告别少年时期，进入成人的世界。但是作为一个职场新人，假若你的态度不好，眼高手低，不能很好地跟同事相处，那么就没有人会愿意帮你，这时候，恐怕你连学习的机会都要失去了。

　　吴过从某名牌大学毕业后，就开始了他的职场生涯。一年后，他升职为小组的负责人，要比同期入职的人，更早得到晋升。很多人问他，是不是他的名牌大学学历让他领先别人一步的，他笑着摇摇头，道出了他的升职之道。

你在为谁学习

一进入公司,他就把自己的位置摆得很低,不管是CEO,还是经理、前台,甚至清洁工,吴过都一律微笑以待,为人谦虚低调。有一次,主管给新人布置任务,当一位同期来的同事大声问主管"你刚才说什么,我没听清楚"时,吴过却走上前说,"领导,请您再说一遍,不好意思,我没听明白"。当一些同事问他在大学的生活时,他笑道,"逃课、挂科、吃喝玩乐,我们都是一样的"。一些同事知道自己和吴过有差距,但也喜欢吴过的低调,就好像找到了自己的知己,从而与吴过做起了好朋友。

而在业务上,吴过则积极进取,领导安排的工作,就算是去发传真,他也会认认真真地完成,其他人对于领导安排下来的传真工作,是传完则止。而吴过则多了一份细心,传真发出之后,他一定会确认对方收到,即使是发电子邮件也是如此。久而久之,其他同期来的同事与他之间的差距就愈加明显了。

吴过的成功告诉职场新人一个道理:认真仔细地工作,不代表工作能力低,而是快速适应新环境最好办法,能在职场有一定地位的老员工都是精明能干的人,他们可以从一个人的做事态度中了解一个人。在职场上有经验的领导不会因为你的低姿态而真正轻视你。但是低姿态并不代表一个人没能力,这仅仅是在职场中先抑后扬的一种表现,后来居上才是你的最终目标。职场新人"软着陆"是一种智慧,成功着陆后就要蓄势待发,为职场上的飞跃迈出更大的一步。

李胜拥有计算机博士学位,现在任职于某信息技术公司技术总监,在这个高薪厚职的背后隐藏着李胜当年找工作的辛酸。有谁会知道,当初他博士毕业后也在家里待了近半年,即便是后来找到了工作,也只是在一家公司的办公室里打杂。

当初,李胜毕业找工作时的想法是非"世界五百强"不去,非管理层不进,这使他求职时遇到许多困难,一直在家里待了大半年。那时候,与他一起读博士的同学都找到了工作,虽然收入没当初他们想象的高,但是有了一点收入总比什么都不干的好,一位昔日的同窗好友这么告诫李胜,"你别总想着自己是个博士,什么都不愿意干,你先得让别人了解你,知道你有能力"。

这句话让他顿悟了,后来他摆正自己的位置把自己的博士学位证收了起来,只拿出本科文凭,结果很快被一家计算机公司聘请了,当然因为他是新人,经理只让他做一些办公室的杂事,并且叫他和其他同事合作完成一些项目,对此,李胜毫无怨言,老板起初给李胜的工资比一般本科生还低。但是李胜很认真地对待自己的工作,一段时间下来,全公司的人都很喜欢他。

后来李胜在公司小结上发现了一些程序上的错误并且报告了老板。老板很满意他的表现,并且给他升职加薪作为奖励。不久,老板发现他的程序设计和经营管理水平明显比公司其他管理人员和专业人员高出一筹,感到非常奇怪。此时,李胜终于亮出自己的博士学位证,老板十分吃惊,怪自己这么久以来,大材小用了,决定重金聘用他,让他负责全公司的业务运作。

对于每个找工作的人来说,要选择自己愿意从事并且能胜任的工作,而不是与学历或期望值相符合的工作。因此在找工作的时候,要把自己摆在一个正确的位置。但同时求职者也应检讨自己,找不到与自己学历相符的职位,是不是自己存在某些欠缺或求职中未能向企业全面地展示自己的能力和信心。

低姿态对于工作的前三年特别重要,在这三年里,如果你降低要求放低姿态,不仅能够赢得好人缘,而且还能够为自己提供一个宽松的学习环境,下一步你就能够厚积薄发、后来居上了。

第二节 世界上没有什么不公平

亲爱的少年：

刚刚从象牙塔中走进鱼龙混杂的职场的大学毕业生犹如初生牛犊，无可畏惧。但是现代社会的压力大，职场上的竞争也是相当残酷的。熟悉而安逸的校园生活已然结束，而即将面对的是不安、兴奋、机遇、挑战、淘汰、胜利、鲜花、泪水交织的职场生涯。在这特别的环境里，"天之骄子"们也越来越能够很好地适应职场的环境。这"适应"，自然也包括受委屈什么的，正所谓：祸兮福之所倚；福兮祸之所伏。很多时候，在吃过亏之后你会发现，你得到的远远要大于你失去的。

吕睿毕业后被一家公司录用做客户接待员，她经常向亲友抱怨她目前的状况。"应聘的时候老板让我做文职，到了公司后我发现我简直就是一个打杂的，上午这人让我帮忙打表格，下午那人请假让我替接电话，每天的工作杂七杂八。同样是职员，这些人凭什么来指使我？这还不说，同事们因为我是新人，故意跟我过不去，不给我好脸色。难道就因为我是新人，所以注定要吃亏吗？"

很多刚刚参加工作的人都遇到了这样的情况。目前职场危机日益加强，很多人都面临如何应对职业危机和职业发展的问题。其实，有时候吃亏会让你得到更多。

李娜刚进公司的时候，认为自己是名牌大学毕业生，身份自然与那些人不同，所以在报到的那天也没有和前台接待小姐打招呼。慢慢地，她意识到在工作中，大家不是很认同她的能力，关系也慢慢地变得冷淡起来。

意识到问题所在之后，她开始慢慢改变自己的言行，工作的时候很注意自己的礼貌用语，渐渐地，她和同事们相得处越来越融洽了。她深有体会地说："学会使用礼貌用语让自己的修养得到提高，还能让我顺利地投入工作。吃点小亏不算什么，相比下来，是因祸得'福'啦。"

许多职场新人抱怨自己的工作："吃的是杂粮，干的是杂活，做的是杂人。"每个新人刚到一家公司，通常老板不会将一些重要的工作和项目交给他完成，那么，怎么样可以让老板对你的工作能力产生信心呢？据职场老人说："这完全体现在刚开始工作的那些所谓杂活里。虽然老板让你做的都是一些不起眼的小事，但是你仍然应该认真努力地完成工作。这就是自己对自己负责任。"这样看来，老板刚开始安排的工作肯定相对容易，但是新员工必须学会忍耐，将来会赚得更大的便宜。

从进入职场的那一天，你就应该告诫自己：职场绝不是学校，容不得挑肥拣瘦。脱离了学校和父母的庇护，你需要逐步提炼自己的职业含金量和竞争优势，有时候在工作中吃些小亏也是在所难免的，你千万不可耿耿于怀。这个时候，你要化被动为主动，转"亏"为"福"。过一段时间再看你曾经吃的那些亏，你会发现原来你得到的更多。

你在为谁学习

第三节 像驴一样不知疲倦地奋斗

亲爱的少年：

有这样一个毕业生的故事：

李强大学毕业以后应聘成为一个网站的维护人员。刚开始那阵，谁的计算机出了问题，只要告诉他一声，他三下五除二就会帮人解决完。闲下来的时间寂寞无聊，李强开始学习在网上炒股，甚至偷偷地看电影、玩游戏。

慢慢地，当同事们遇到问题再去叫他时，就有些不容易了。常常要去请几次，他才懒洋洋地过来，弄不了几下，就开始不耐烦。渐渐地，大家也都不再叫他，而是叫新来的实习生帮忙。

李强的聘用期到了，人事部经理叫李强结算工资，不再和他续约。李强沮丧了几天，又开始应聘新的单位。因为李强过硬的业务能力，他很快找到了一家新的计算机公司。

刚开始，他身兼数职，每天忙得团团转，直到办公室新来了一位大学生后，李强又把大部分活都推给了这位新人。

李强终于又过上了悠闲的网上生活，可是没过多久，单位要精简人员。自认为元老级的李强认为这次裁员绝对不会轮到自己，可是当结果宣布时，李强睁大了眼睛。他去找经理理论，经理说："你每天除了喝茶就是打游戏，不裁你裁谁？"

在工作中，懒惰的人很容易丢掉饭碗，只有勤奋的人才能笑到最后。

初涉职场的人常会有这样的想法：我是为老板挣钱，我做事都是为了老板。既然是为人家干活，那么自然得过且过，能混日子就混日子，能偷懒就偷懒，反正公司亏损了也不用我去承担，我只要赚我自己的钱就够了。

实际上，这种想法和做法对于自己和老板都没有一丝好处。我们给老板打工，老板给我们发工资，这是理所应当的。但是如果老板不挣钱，你又怎么可能在这个公司做下去呢？在职场中，能够摆正心态勤奋敬业、努力工作的人，是每一个老板都渴望的人才。而懒惰的人迟早会被老板请吃的"炒鱿鱼"。

任何一个认真工作的人都能在工作中学到一些经验，这些经验会成为你向上发展的踏脚石。就算你不再喜欢这份工作，想跳槽从事不同的行业，丰富的经验和好的工作方法也必然会给你带来助力。在竞争激烈的现代职场，勤奋敬业更是强者之所以成为强者的重要原因之一，也是一个弱者变成一个强者应该具备的职业品行。把敬业变成习惯的人，不管从事任何职业都容易成功。因为你的敬业精神会给你的成功带来帮助。

通用电气公司前总裁杰克·韦尔奇认为：员工敬业的最直接结果是企业的不断发展，而希望自己的事业发达是每一个老板的愿望。所以，任何一家想靠竞争取胜的公司自然需要一个乃至一批埋头苦干、兢兢业业的下属。如果你具有勤奋敬业的精神，并用这种精神感染到了身边其他的人，形成了良好的工作氛围，那么，你被认可、被提拔就将是再自然不过的事情了。

勤奋敬业也许不能立即给你带来可观的收入，但可以肯定的是，如果你养成了懒惰的不良习惯，你的成绩会相当有限。因为懒惰、不负责任的做事态度已经深入你的意识，所以做任何事都会有懒惰的直接反应，其结果可想而知。如果一个人到了中年还是如此，很容易因此蹉跎一生。

通常情况下，新人们都不会得到自己认为很重要的工作，都是从基层做起。新人们不要看不起一些小岗位，干什么事都是从小事做起，把最简

你在为谁学习

单的事情做好。作为一个新人,一定不要懒惰,不要斤斤计较。不能大事做不来,小事不愿做。只有克服了这样的心理弱点,才能为将来打下坚实的基础。

打工皇帝唐骏刚进入微软的时候,只是一个普通的程序员。但是他并没因此心生懒惰继而应付了事,反而勤奋努力地工作。第一个到公司的是他,最后一个离开公司的也是他。就是因为勤奋认真,最后他成了微软历史上唯一一位三次被授予微软公司最高奖——比尔·盖茨总裁杰出奖和杰出管理奖的员工,也是微软公司历史上唯一一位被公司授予终身荣誉总裁称号的员工。1994年,放弃了在洛杉矶创办的三家公司而到微软做工程师的唐骏,从技术到管理在1500名员工中排到倒数第一的位置。但他并没有因此懒惰下去,面对现实的他,寻找到了一条新的道路来实现自己的大舞台梦想,那就是勤奋。他每天工作都在12小时以上。他知道成功路上没有捷径,靠的唯有勤奋。"成为最勤奋的一个",使他仅用7年的时间,就从普通的员工走上中国区总裁的位置,将不可能变成了可能。

因此,每一个刚刚工作的人都应该知道,在做工作的时候,勤奋永远是一个人成功的法宝。在任何一个地方,任何一个公司,只要你比别人勤奋那么一点点,那么你就会比别人超前很多。

华人首富李嘉诚在他的书中说,成功的秘诀就在于比别人的努力多两倍。这句话的要点在于,成功就是比别人多走一步路,成功的秘诀就在于比别人付出更多的努力。

大名鼎鼎的世界首富比尔·盖茨通常工作到晚上24点;周总理在大多数情况下每天只有4个小时的睡眠时间;丘吉尔在第二次世界大战期间一天工作16个小时;英国首相玛格丽特·撒切尔夫人是一个"靠自己的奋斗获得成功的女士",她很少度假,每天睡眠不超过5个小时。她从低微的下层工作开始,不懈的努力和勤奋终于使她成为英国历史上第一位女首相。

世界上这些已经取得成功的人士都曾经或者正在努力地工作,那么对于我们这些职场新人和还很普通的职业人来说,还有什么懒惰的理由呢?懒惰只会让我们没有饭吃,抽掉懒筋才会正起身板。笨鸟靠先飞尚能成功,那么在职场中,如果比别人先行一步、多努力一分,成功也就指日可待。勤奋工作,必将有所回报。

第四节 别忘记了自己的身份

亲爱的少年:

刚毕业的大学生新入职场,满怀抱负,但也难免心浮气躁。实际上,现在就业形势严峻,选择余地小,想找专业对口真的很难。所以,一个新人进入公司,适应的时间越短,将来的发展就越好,与公司融合得越快,成功的机会就越大。在这个过程中,新人首先要做的就是可以得意但是不要忘形,要认清自己"是个啥"。

清华大学毕业生小李成绩不赖,形象也不错。从大三那年11月开始,小李就开始找工作。他首先应聘的是国内某知名企业集团,筛选简历、面试、笔试、复试等,小李都是一路绿灯。但是在签约的关键时刻,小李却放弃了,因为他觉得后面应该会有更好的机会等着自己。但首次求职的成功,让小李心里有些得意,对未来很乐观。接着应聘的是另一家大集团,这家企业的前景和提供的待遇都让小李感到满意。

　　笔试是在清华大学进行的，有320人参加，结果一下子淘汰了210人。小李很幸运地通过了笔试，进入下一轮面试。第一轮面试24人一组讨论问题，小李感觉很新鲜，认真准备，发挥得也不错。等到第一轮面试结束的时候，只剩下了12人，小李又是幸运者。

　　最后决定性的面试是在清华大学，具体地点是在小李的教学楼附近。天时地利让小李狂喜不已，内心更是暗暗得意，仿佛签约只是早晚的事情。没想到名单公布的时候，小李却榜上无名。

　　这个跟头摔得很惨，原因就在于小李的得意忘形。得意本没有什么错误，但是在得意的时候忘形了，就会失去自己本能得到的东西。小李认真总结了经验教训，分析了自己的优点和缺点，最后终于与另一家大型企业签订了就业合同。

　　不仅是在应聘的时候要注意不能得意忘形，参加工作以后也要注意时刻提醒自己要认清自己"是个啥"，不要得意忘形。否则在你得意忘形的时候，也可能就是你坐冷板凳的时候。

　　很多人有一段时间比较顺利，自己也非常满意，如果此时高兴变成得意忘形，没有正视自己的能力，对事情困难的程度就会估计不足，很容易犯大错，伴随着大错的也许就是后悔和自责。所以，对待事情要保持一颗平常心，要多考虑一下遇到困难怎么办，无形中会将许多压力消灭在成型之前。

　　得意忘形会造成转折，使人和事由盛转衰，甚至一蹶不振，而得意不忘形却能让人愈挫愈勇。因此，在职场中，大可以得意，但决不能忘形。要懂得居安思危，懂得得意之时依然要冷静地洞察先机。

　　很多人得到领导的肯定或是获得了一些权力后，个人欲望就开始膨胀，得意忘形之际不但不把同事放在眼里，甚至还会在背后评价甚至非议上司，把上司的信任或者授权当作炫耀的资本或者获取个人利益的机会，甚至有的时候越权处理问题。而这些行为一旦影响到领导的权威或利益就极有可能落得"卷铺盖走人"的下场。

小张在某大型国企上班，由于他出众的管理能力和英语水平，不到一年就被提拔到经理助理的位置上。工作中顺风顺水，小张难免得意忘形，常常在一些商务活动中越权，不过他的上司比较大度，不计较他的越权。但是有一次，一位英国客户来公司采购，公司派出经理和小张以及销售主管去谈判。谈判中，由于经理英语水平有限，便让小张做了临时翻译。

没想到，小张得意忘形之际，根据自己掌握的情况添油加醋，擅自报出了公司的最低价格，承诺一个月的时间出样品，并对机器质量以及一些重要问题都私自作答。幸好一旁的销售主管也懂些英文，悄悄将这些告诉了经理。经理脸色很难看，当即中断了谈判，回去后就解除了小张经理助理的职务。

一次得意忘形，招致解雇的命运。小张在谈判中自作主张，超越了自己的权限，完全无视上司的意见，使上司对小张的信任度降低到了零点，无法再让他继续工作下去。

在职场上，不管是应聘还是工作，都要注意可以得意，但是千万不要忘形。每时每刻都要认清自己"是个啥"。只有对自己有了清醒的认识，才能扬长避短、趋利避害，胜不骄、败不馁，一直坚持到最后直至取得胜利。

你在为谁学习

第五节 塑造自己比羡慕别人更重要

亲爱的少年：

　　一切社会竞争归根结底是人才的竞争。经济高速发展的时代，人才如鱼得水，有些职场新人便开始羡慕别人的身份、地位以及才干。实际上，在职场中，过分羡慕别人是一种自我否定。与其临渊羡鱼，不如退而结网。职场新人不如将羡慕别人的目光收回来，创建、经营自己的个人品牌，关注自己在职场中的发展会更重要。只有这样，才能适应日益激烈的竞争环境。

　　个人品牌就像企业品牌、产品品牌一样，不但要有知名度，而且要有忠诚度。个人品牌就是个人在工作中显现出来的独特价值，具有这种独特价值的人就是社会上稀缺的人才，这个时候，工作自然会找上门。某些高素质的职业经理人之所以成为企业竞聘的高级职员人选，都是源于他们成功地打造了个人品牌。只有自己具有独特优势的时候，老板才会一下子想起你："这项任务由他来担当最合适，他具有这方面的优势。"

　　实际上，我们每个人都拥有自己独特的才能。认清自己的优点，让优点成为开启自己成长空间的最大武器。综观每一个成功者，并不是没有自己的弱点，而是他们能够将自己的优点发挥到极致。关注自己，发现自己的优势，并能够不断强化它，这样才能保证自己在职场中游刃有余。所谓"一招鲜，吃遍天"，善于经营自己的长处，把一项业务做精、做专，成为某一领域的行家里手，这样，无论环境如何变化，都能够很好地生存下去。

　　有的人不善于发现自己的优势，觉得很迷茫。实际上，要发现自己的优势并不难，我们只要学会正确地认识自己、分析自己就可以了。有一个简单的方法可以帮助你：当你发现自己在做一些事情时，需要花费很多的时间，需要不断地修正和演练；而在做某些事情时，却几乎一气呵成，几乎是自发的，似乎依靠本能就能够很好地完成这件事，那么你在处理这些事情时所表现的才干就是你的优势了。

有的人误以为自己的弱点是自己最需提升的。他们总是在自己的弱点方面投入大量的时间和精力，希望自己的弱点可以提升为优势。但是这样做的后果是大部分人并没有达到自己理想的效果，把时间都花费到弥补自己的弱点上，结果使得自己的优势也显得不再明显。在职场上，首先要拥有自己的核心优势，只有这样才能充分发挥个人所长，寻找到正确的人生定位。

因此，职场新人首先要确定自己的优势在什么地方，然后去认真地经营它。在经营优点的过程中，要勇于拒绝眼前利益的诱惑，要肯放弃一些东西，不跟风、不动摇。不要因为贪图安逸就放弃了自己的专长。否则将一事无成。

张翰身上的优点很多，他肯钻研、肯吃苦，以优异的成绩毕业于某大学的计算机系科学与技术。在他毕业后的5年中，他总是觉得自己做什么都行，所以，只要薪水较高的职业，他都会去试试。网络兴起的时候跳槽去做网络，感觉网络成了泡沫后又去卖房子，频繁跳槽。在毕业五年的同学聚会上，他发现许多当初学习成绩远远不如自己的同学都已经在各个领域取得了相当好的成绩，但是回过头来看自己，却一事无成。

同学林丹看他有些失落，便问他："张翰，你大学主修什么？你最擅长的是什么？"他惊奇地看着林丹："你怎么这么健忘？我跟你一样是学计算机的呀！最擅长的当然是计算机了。"林丹笑道："那么你为什么不把自己的优势强化成个人品牌，跟着别人瞎起什么哄?"张翰恍然大悟,同学聚会后不久他便应聘到一家较大的计算机公司。两年后同学们再次聚会的时候,张翰已经在自己擅长的工作中做出了不俗的成绩,多次受到上司的赞赏。他对同学笑道:"看来要想在职场中成功,就不能脱离了自己最擅长的方向啊。"

大千世界之所以多姿多彩,是因为我们每一个人都有自己独特的地方。即使平凡,也不可能一无所长。只要用心发掘,认真塑造,那么曾经被自己忽略的闪光点就会逐渐变成自己的品牌。

我们所熟知的奥运冠军刘翔、飞人乔丹、股神巴菲特等,他们之所以能成为英雄,是因为他们本身都在做着自己最擅长的事情。他们本身也是普通人,但是因为在某一点上超出了其他的人,因此才能获得成功。

新加坡旅游局曾经给李光耀总理提交一份报告,报告中称新加坡除了一年四季直射的阳光,什么旅游资源也没有,所以要想发展旅游业,实在是巧妇难为无米之炊,根本就是不可能的事。

李光耀是这样批复的:你想让上帝给我们多少东西?阳光,有阳光就够了!

后来,新加坡巧妙利用本国阳光充足的长处,种植花草树木,在很短的时间内其成为世界上著名的花园城市和旅游胜地。

一个国家如此,具体到我们每一个人也是这样。每个人都有自己的专长和优势,因此,我们每个人都能成为一个天才。但是很少有人能够发挥自己的专长,并且把它们展现出来。

归根结底,不要过分去羡慕别人,那只能形成一种自我否定。关注自己,打造自己最重要,也唯有如此,才能让自己在职场上立于不败之地。

第十四章　毕业不代表完成了学业

第一节　走出校门也别忘记学习

亲爱的少年：

中国有句古话叫作"活到老学到老"，因为学习是无止境的，如果一个人对学习失去了兴趣和追求，那么他的人生也不会有很大的起色。我们生活在一个知识爆炸的时代、一个知识不断更新的时代，如果不注意学习的话，就会很快被社会大潮所淘汰，成为时代的弃儿。

毕业生刚刚从校园里面走出来，没有了作业、没有了考试和分数，只有一个象征着"高学历"的文凭。这些都不能作为放弃学习的理由和借口，而是应该作为一个新的学习起点。在学校的时候，我们有老师的教导，需要不断地去学习书本知识。走出校门，没有了别人的指导，我们同样需要学习，并且，学习的内容应该更广泛，学习的层次也应该更深入。

李嘉诚是中国首富。他的成功经历和经验一直是很多人学习的

你在为谁学习

榜样。有一次，一个记者问他："李先生，请问您成功的秘诀是什么？"李嘉诚不假思索地回答："学习，不断地学习。"李嘉诚的回答很朴实也很正确。

李嘉诚一直是勤于学习的人，在任何情况下都不会忘记读书。他年轻的时候，给别人打工期间，坚持"抢学"，把每天的业余时间都用在了学习上。后来，他的生意逐步做大，有了自己的"商业王国"，但是他并没有对自己有所放松，仍然孜孜不倦地学习。李嘉诚喜欢在每天晚上睡觉之前看书，不论是哪一领域的书他都喜欢看，他很佩服那些对人类作出贡献的人，并且以那些人为自己的目标和榜样。

李嘉诚在很早的时候就开始了对英语的学习，他专门聘请了一个英语教师，每天早晨7：30上课，等上完课之后才去工作，每天都是如此。在办塑料厂期间，英文塑料杂志是李嘉诚那时最喜欢的刊物，这样不但对学习英语有所帮助，还可以让他及时了解到业界的最新动态。在当时，能够懂英语的华人在香港堪称是"稀有动物"。由于懂得了英语，在谈生意的时候，李嘉诚就不用再请翻译帮忙，而是可以和英美商人直接打交道，获得比较准确的信息。

李嘉诚说："在知识经济时代，如果你有资金，但缺乏知识，没有最新的信息，无论何种行业，你越拼搏，失败的可能性越大；但是你有知识，没有资金的话，小小的付出就能够有回报，并且很有可能成功。现在跟数十年前相比，知识和资金在通往成功的道路上所起的作用完全不同。"

很多年轻人在走出学校以后，就对学习失去了兴趣，觉得自己接受了十几年的正规教育，可以无忧无虑地躺在毕业证上睡大觉了。失去了进取心，以后恐怕就难以有什么大的作为了，毕竟一张毕业证的"保鲜期"是有限的，如果疏于学习，不仅不能学到新的知识，就连以前学到的知识也会从脑海中丢失。

　　同样是刚毕业的年轻人，刚刚走上工作岗位的时候都做着简单、单调的入门工作，穿着随意的休闲服装，脸上都带着一些淡淡的稚气，但是在10年之后，他们却会有很大的差距。有的人已经有了自己的事业。成了行业的精英，在举手投足之间流露出一种成熟稳健的魅力，而有的人却仍然停留在最初的位置上，脸上写满了疲惫，眼神中有着难以掩饰的失落。造成这些差距的不是别的，往往正是一个人对待学习的态度。

　　有一个外国的研究机构测算说，在21世纪，文盲的定义已经不再是那些目不识丁的人，而是那些不愿意学习和不懂得学习的人。我们生活的这个时代，一年之中所发生的变化要比历史上一个世纪所发生的变化还要大。这个时代里，知识更新的速度也是前所未有的：我们原有的知识正在以每年5%的速度不断"报废"。如果我们不进行及时的"充电"，20年后，就会变成文盲。我们现在所拥有的知识，也就变得毫无用处了，我们也就没有资格去追求和谈论成功了。

第二节　不断丰满自己的羽翼

亲爱的少年：

　　我们都知道工作过程中，如果考资格证的话，会对自己将来的工作有所帮助。但进修应尽量围绕自己的本职工作进行，一定要为己所用、为己所需。

　　人生规划是一个长远的任务，对于很多人而言，它要伴随我们职业的一生。如果你能做好自己的人生规划，那么你的职业前景将会变得越来越

你在为谁学习

好。据我所知,有的大学毕业生在参加工作之后,喜欢跟风,一看到别人在考资格证、进修,自己也跟着去学,但是到了最后却发现这些证件和进修对自己长远的职业规划一点益处也没有。

人生规划也要有个方向,有个合适的角度,如果没有统筹好,那么就容易造成盲从,从而忽视了对于自己职业生涯的设计。如果你有针对性地进修,那么就会让自己的学习为自己的职业添光增彩,在工作的时候与同事相比多了竞争力,在跳槽的时候多了资本,所以在考证的时候,一定要三思而后行。

有个叫张丽的女孩,大学毕业之后进入一家日资企业工作。当时很多的同事都是日本人,尤其是一些企业的高层,他们通常用日语与职工进行交谈。而张丽的本职工作中与日语相关的内容虽然并不多,但是当她与日本同事交流的时候,常常由于语言能力不佳而遇到障碍。在这种情况下,她想去进修日语,但是学日语的费用很高,同事们劝她想好再做。

张丽认真考虑之后,还是把自己的积蓄拿了出来,交了日语班的学费。这样一来,她手中的积蓄所剩无几,只能背水一战。这也给了她一种动力,通过一年多的学习,她的日语能力有了很大的提高,而且还考取了日语等级证书。她在工作中更是如鱼得水,很快得到了上司的认可和重用。不久,她升职、加薪了,大家都称她是通过学日语给自己镀了一层金。

很多时候,你潜意识里可能有学习的愿望,但是学什么却成了你的困扰。建议还是先学习那些与自己本职工作相关的内容,这样一来,你可以学以致用,为自己的升职加分。但是你也要做好自己的职业远景规划,如果学习与进修对于自己长远的规划来说不发生冲突和矛盾,那么你可以放开手去学习,而且这样做还会在很短的时间内看到效果。如果你去学一些与本职工作无关的内容，虽然可能是你感兴趣的并且将来打算从事的，你也要慎重，因为这样一来成本就会高出许多。

大学生毕业参加工作，社会经验和对于人生的理解和认识并不是很多，而职业规划涉及的方面很广，因此要多听取别人的意见。有人说有的时候，工作确实很忙，根本没有时间参加各种学习班。而且有的培训学费很高，而学出来之后却不具备什么学科权威性，这样得不偿失。

那么如何避免这些情况的出现呢？

我们可以先从工作的需求出发，这样更接近自己的需求，为己所用、为己所需。很多时候，你把自己的学习和工作结合起来，收到的效果会更好，你可以一边学习，一边结合实践进行分析，而且可以对自己的工作内容查缺补漏。这样一来，你的学习就更有合理性和针对性了。

当今社会，对于人生的职业规划，人们也越来越重视。在国外，有的国家已经为学校的咨询项目出台了国家的标准，把职业生涯发展与学业、个人、社会发展放在同等重要的地位，可以说这也是一个获得成功的重要因素。国内的职业生涯教育类科目也正在快速地发展，针对这种潮流，一定要冷静理智地加以分析，要知道适合自己的才是最好的，不要跟风。

各种进修都需要一定的物质基础，这是一笔很大的开支，其实相当于人生的一种智力投资。在投资之前，一定要先行调查，这笔投资是否对于你的未来有帮助。另外，在进修的时候，一定要选择那些有保障的学校。如果只是一些给个证件就拉倒的"草台班子"，恐怕你也不会收到什么好的效果，白白浪费时间和精力。还有一些培训机构也是如此，到头来学不了什么真的东西，只是得到一些华而不实的证书，这些东西对于你的职业发展是一点儿作用也没有的，而那些真正用人的大单位，也不会看重这些五花八门的东西。所以一定要从实际出发，切实为工作发展考虑。

进修的目的就是为己所用。如果你将来没有改行的打算，可以结合自己的工作实践经验，参考一下同事的做法。每一个行业，每一家公司都会有做得很优秀的职工，如果他们有关于进修的成功事例，不妨向他们请教，哪些进修对于自己的发展更具有价值，然后你再去报名。

在报名进修的时候，你要考虑好自己有没有时间来学习。如果你每天加班到24点以后，天天像陀螺一样忙个不停，那么肯定是不会有学习的时间的，这种情况下，还是暂时做出调整之后再报名吧，省得到时候学费打了水漂。

当然，说了这么多，关键还在于你学习的结果。进修，一定要在为己所用、为己所需的基础上进行，这样做你才会受益终生。

第三节 人之患，在于好为人师

亲爱的少年：

有很多高学历的毕业生走向社会，觉得自己掌握了最先进的理论知识，有着最聪明机智的大脑，在和别人相处的时候，时不时地表现出一种优越感，在做事的时候，也总喜欢摆出一副盛气凌人的架势，对别人颐指气使、指指点点，那副稚气未脱的面孔上却表现出先知和师长的神气，从而让人看了心里不舒服。

孟子曾经说过"人之患在好为人师。"这里的"师"并不是一种职业，而是一种心态。好为人师的人往往自以为是、自高自大，从而忽略了学习，忘记了谨慎，忘记了奋斗。在生活中忘记了充实自己，为梦想而努力，只知道把一些自以为很正确的意见和建议强行灌输给别人，这样不仅不会得到别人的认可，还会切断自己的退路。

每个人都知道孔子说的"三人行必有我师焉"的话，我们也不否认每个人都存在着可以让别人学习的地方。但是我们应该想一想，同样的意思，孔子为什么说"三人行必有我师焉"而不说"三人行必有我徒焉"呢？我们应该明白，孔子在说这句话的时候，就是要告诉我们在生活和工作中，要摆正自己的位置，甘于做一个虚心求教的学生，而不能做一个好为人师者。许多成功人士之所以能够取得辉煌的成就，和他们在生活中经常保持谦虚的精神是分不开的。

阿瑟·华卡小时候是一名农家少年，后来成了美国著名的商业巨子。他的成功是他坚持奋斗的结果，同时也与他虚心学习的品质有着巨大的关心。

有一次，他在杂志上读到了一些大实业家发家的故事，就想知道得更详细一些，以便于将来借鉴他们的成功经验。于是他就跑到纽约，来到了一名叫威廉·亚斯达的人的办公室。

威廉·亚斯达对这位不速之客感到十分厌烦，就皱着眉头问他："你来找我有什么事吗？"这个少年低声地说道："我在杂志上看到了你的故事，我很想向你学习一下，我该怎样做才能够赚上一百万美元？"威廉·亚斯达听后，就喜欢上了这个有上进心的孩子，他的脸上也露出了柔和的笑容。两个人竟然谈了一个多钟头，谈话结束的时候，亚斯达又告诉了华卡该如何去访问其他实业界名人的方法。

华卡根据亚斯达提供的方法，又遍访了一流的政治家、作家及银行家。

两年后，这个20岁的青年成了他学徒的那家工厂的所有者。24岁的时候时，他又成了一家农业机械厂的总经理，短短几年，他就成了一名百万富翁。后来，这位来自农村的少年，又成了花旗银行董事会的成员。

甘做学生、虚心求教的做事精神不仅能够提升自己的能力，还能不断开阔视野，更重要的是能够结交一些优秀的朋友，改变自己的命运。

你在为谁学习

好为人师的人经常会沉浸在对自身知识体系的盲目自信中，他们凭借一些半专业的知识和微不足道的经验，喋喋不休、口若悬河地向别人传授一些所谓的知识和方法。如果那些方法能够给别人带来实质性的帮助还勉强说得过去，假如别人按照他的意见去办事，最终的结果却并不是想象中的那样完美的话，恐怕这个人就要成为众矢之的了。

有一个人，是个铁杆股迷。他原先在上班的时候就炒股，并且也赚了一笔钱。后来他就索性不再上班，做起了一个全职的股民。头几个月里，适逢牛市，他赚了不少钱，在小区里成了小有名气的"炒股专家"，当人向他"取经"的时候，他几乎都飘到了天上，就把这一段时间的炒股经验告诉了别人，并且信誓旦旦地说"买这只股票一定能够赚大钱"，那些股民对他的意见是言听计从，纷纷把钱投入到他看好的那只股票中，谁知天有不测风云，这只股票成了垃圾股，那些买股票的股民落了个血本无归。而这罪魁祸首，最后也落了个"过街老鼠，人人喊打"的下场。

大多数好为人师的人不过是"半瓶醋"而已，并没有什么真才实学和真知灼见。他们所表现出来的信誓旦旦，并不是什么自信心，而是一种忘乎所以的自我膨胀。自我膨胀的人往往会过分地夸大自己的价值和能力，忘记了自己究竟有几斤几两，让人感到好笑。

真正的成功者是从来不会把自己当成成功者来看待的。因为他们懂得"满招损，谦受益"的道理，在与人交往和追求目标的时候能够保持一种谦虚的态度，老老实实地扮演着学生的角色。这样不仅能够让自己一步步地接近成功，同时也受到了别人的支持和爱戴，无论在事业上还是在人际关系上，都能取得超出常人的成就。因此，二十几岁的年轻人，在为人处世的时候，一定要摆正自己的位置，甘做学生，而不能好为人师。

第四节 考研留学路口，切莫心浮气躁

亲爱的少年：

现在，很多大学毕业生都选择了考研或者留学，而部分考生在复习中出现了不同程度的心理焦虑和浮躁。此时此刻，考生最重要的是调整好心态，切忌浮躁。考生要改变对考试的认识，规律的作息时间对缓解焦虑有很大的帮助。

郑磊在前两个月的备考中模拟考试成绩一直不错，但考期越近，紧张情绪就越浓烈，总担心还有遗漏的知识点。为此，他放弃了求职，把所有的精力都放在考研复习上。他每天复习14个小时以上，经常为了完成当天任务而不吃饭。长时间的复习不但没有给他带来好效果，反而出现反作用。他最近白天常常表现得精神恍惚，夜里失眠多梦。

在复习中，越临近考试的时候，复习的注意力越不集中，效率大大降低。北京高校心理素质教育研究中心主任林永和说，考生要想解除焦虑浮躁情绪，就要遵循健康的生活方式，不要总熬夜，饮食上也要有规律。

考研中出现的焦虑现象源于考生对考研或者留学认识上的误区，从而导致情绪紊乱异常。有些考生对自己的要求过高，认为考研或者留学失败便是世界末日。实际上，这种想法是不足取的。即使考研或者留学失败，考生还有很多选择，可以先就业或者明年再考。大多数考试焦虑的学生不注意劳逸结合，大脑总是处于紧张状态，身心都不能得到放松，神经系统

的调节机能出现紊乱，引发浮躁心理。考生在备考中要注意适度调节，合理用脑，才能防止焦虑和浮躁的情绪。

足球教练博拉·米卢蒂诺维奇说："态度决定一切。"在备考中，要保持积极的情绪、投入的状态、不骄不躁的心态和坚定如磐石的信念，时刻保持一种平和的心态。

在备考的过程中，在确定报考哪个学校哪个专业之后，首先要相信自己的实力，然后制订适合自己的复习计划。复习的方式方法很重要，千万不要认为只要努力就一定能收到成效。复习时要抓住考试这个根本，确定复习重点，将重要的知识点和类型题弄透，不要试图抓住每一个问题。注意把握记忆规律，这样才能提高学习效率。另外，每个人还要去找属于自己的学习方法，适合自己，才能事半功倍。

考研初试后便是复试。考研复试时，积极的心理会让我们笑到最后。考研初试看的是文化功底，那么复试则是看心态的好坏。打下良好的心理基础，复试便成功了一半。从复试分数线公布到复试只有十几天的时间，如果光想着等成绩出来后再去准备复试，可能就有些晚了。不论初试成绩好坏与否，我们都要为复试做好准备，谁提早进行复习，才能让你的复试更有把握。

陈小涵和林颖强是同宿舍的同学，两个人都对自己的考研初试成绩没有太大的把握。陈小涵在等待成绩的日子里，一点也提不起精神，觉得复习枯燥，失去了最初的斗志。他消极的心理让他认为，如果初试成绩不理想的话，复试之前即便是准备得再充分也无济于事。他打算等待初试成绩出来以后，再确定是准备复试还是准备找工作。而林颖强和陈小涵的心态恰好相反。他认为初试成绩不论好坏，在结果没有出来之前，参加复试的可能还是很大的。被动地等待结果，不如积极地行动起来。于是，他积极投入准备复试的学习中。他不但目标明确，而且效率极高。在抓紧时间复习的同时，他积极关注就业信息。这样,即使没有机会参加复试,也会以最快的速度参加应聘。

初试成绩出来后,陈小涵和林颖强都刚好过了复试线,但是由于林颖强提前备考,不但专业课问题回答得很好,而且英语能力也表现得很好,结果争取到了最后一个公费名额;而陈小涵由于复试准备不足,结果名落孙山。这是由林颖强的积极和陈小涵的消极两种不同的心态造成的结果。

在考研或者留学失败之后,就会有一些考生加入求职大军。这时最重要的就是要好好调整心态,做到在求职中"稳中取胜"。

由于考研失利,求职者有一部分仍被失败的阴影所笼罩着。这种时候,就应该调整心态勉励自己。因为要想成功求职,必须以一种阳光的心态面对。

考研的人都是很优秀的,心有不甘的人,想全职复读,来年再考。这种考研的认识也并不是很正确,而是有些莽撞。研究生在毕业后就业情况还是个未知数,先就业再考研才是明智之举。如果你所在岗位需要你进行深造,进修在职研究生也是个不错的选择。再说,脱产复读的话也会给家里增加经济负担。

想先就业再考研的学生,第一年考研失败后就应该把精力放到找工作当中,虽然此时招聘的高峰期已经过去,但是只要自己的求职目的明确,求职方法得当,找到适合自己的工作应该并不是难事。

找工作的目标不能过多,要有主见和方向性,不能过多地追求眼前的一些报酬和待遇。在求职的时候,要综合分析自己各种主要优势、劣势、机会、危机等因素,思考自己所具备的优势使自己在哪些企业中更具竞争力,哪些企业的文化理念和自己的价值观最吻合,这样就可以选准方向,乘胜出击。

某知名服装企业人力资源部招聘主管张小姐说,在找工作的时候,不是单纯靠运气的,而要掌握一些基本的求职技能。在制作简历的时候,要

你在为谁学习

突出自己的专业和特长，也要经常收集、浏览一些招聘广告。如果想尽快得到面试的机会，可以将自己的简历打印出来，用特快专递寄给想要招聘的企业人事部主要负责人。如果招聘企业路途近的，可以尝试上门直接推销自己。当邮寄简历和上门推销难以奏效的时候，可以找已经就业的同学或者动用关系推荐一下，可能会有意想不到的结果出现。

第五节 懂得学习失败当中的经验

亲爱的少年：

在生活中遇到一些失败和挫折是很正常的事情，但是许多血气方刚的大学毕业生却对失败十分忌讳，遇到挫折的时候就显得非常暴躁不安，不懂得用一种正确的心态去看待这一问题。反而觉得失败是对自己整个人生的否定，从而郁郁寡欢，消极悲观。在和别人交流经验看法的时候，心里不安，总是有意识地去隐藏和掩饰那些"不光彩"的经历。

刚毕业的大学生对失败的理解总是片面的，他们把失败看得一无是处，毫无价值。其实，失败所造成的严重后果，往往不在错误本身，而是在于遭遇失败者的态度。失败者如果把它看成永恒，那么将会永无翻身之日。失败者如果能从这些打击之中学到教训，吸取经验，那么就会建立更强的自信心，去直面错误，改正不足，最终获得成功。

刚毕业的大学生在遇到失败的时候，千万不要钻牛角尖，粗暴地撕碎个人的追求和梦想，而是应该静下心来仔细地观察和研究，得出经验教训，积累成功的资本，把失败当作攀登成功之巅的阶梯。

有一位中年男子去应聘某大型公司职业经理人一职。这位中年男子说："虽然我只有大专文凭、中级职称。但是我有着15年的工作经验，曾经在九9家公司做过事……"

他的话还没说完，主考官就摇头了，他认为，频繁跳槽，是一种不负责的表现，这样的人是毫无职业素养可言的。

那位中年男子解释道："主考官先生，其实我从来没有跳过槽，而是因为是工作过的那9家公司都倒闭了。"他的话刚说完，一个应聘者插嘴道："你可真算得上是一个地地道道的失败者了。"中年男子听了，笑着说："我觉得这并不是我的失败，而是那些公司的失败。这些失败其实就是我自己的财富。我对那九家公司十分了解，在那里上班的时候，我和我的同事们努力地对它们进行了挽救，最终虽然失败了，但是我知道错误和失败的每一个细节。同时，我也从这些细节当中学到了不少的东西，这些东西是其他人所不曾学到的。很多人经常炫耀自己成功的经验，而我却有着避免失败和避免错误的经验。"

主考官目不转睛地看着他，示意他继续说下去。他说："我深深地知道，成功的经验大致上都是相同的，很容易模仿。但是失败的原因却各不相同。用15年的时间去学习成功的经验，远不如用同样的时间去学习失败的经验重要。事实上，从失败中所学到的东西会更多、更深刻。别人成功的经验可能无法成为我们的财富，但是别人失败的经验却是我们成功的资本。"中年男子说完坐了下来。主考官看着中看男子，说："你被录用了，因为你体会到了什么是成功的资本。"

失败的过程也是学习的过程。在生活中，经常有人从成功者那里学习成功的方法和秘诀，但是却起不了多少实际性的作用。毕竟，成功的经验，最终不过是纸上谈兵而已。而失败的经验却不同，一个人从失败中学习到的经验会更深刻、更全面，在以后的奋斗过程中也能少走一些弯路，

你在为谁学习

少碰一些钉子。

50年前,有一个叫卡那利的美国人开了一家比萨饼屋。用了短短一年的时间,他的比萨饼就成了附近闻名的食品,每天店里都处于爆满状态。于是,卡那利又开了两家分店,一段时间之后,那两家分店也是顾客盈门,效益良好。

卡那利的胃口一下子就大了起来。他就在俄克拉何马州又开了两家分店。然而,两个月后,这两家分店却严重亏损。卡那利感到很纳闷:同样是比萨饼,同样是开在大学校园的旁边,为什么俄克拉何马州会失败呢?经过一段时间的观察和思考,他终于发现了问题的关键所在:两个地方的学生在饮食和文化上存在着巨大差异,在装潢和配方上面他犯了错误。他迅速改正自己所犯的错误,生意情况也迅速好转起来。

当他的比萨饼店开到纽约的时候又吃了不少苦头。尽管他在开分店之前做了详细的市场调查,但是却无法在这个城市里打开市场。后来他才明白,原来纽约人对比萨饼的硬度感到不满意。于是,他就立即研制新配方,改变了比萨饼的硬度。最后,比萨饼就成为纽约人早餐桌上必不可少的食品了。

卡那利用19年的时间在美国开了2100多家分店,他的身家也达到了3亿美元。

后来,卡那利回忆说:"我每到一个城市开一家新店,开头总是失败的。但是在失败之后我没有选择退缩,而是积极地思考失败的原因,努力地探索解决问题的办法,直到最后取得成功。"卡那利又说:"因为你不能确定什么时候成功,那么你就必须学会失败。"

失败对我们造成的损失是暂时的,如果不能从失败中吸取到教训就会造成不可弥补的损失。每一个成功的人,都是能从失败中获得教训的智者。

英国的一位作家曾经说过:"失败不该成为颓丧、失志的原因,应该成为新鲜的刺激。"因此,二十几岁的年轻朋友,不要在失败面前后悔和抱怨,也不要去发什么"一失足成千古恨"的感慨,我们应该知道"失败是成功之母",失败之中往往孕育着成功。如果没有失败,任何伟大的事业都不过是海市蜃楼而已。